PAINFUL POISON
by Nick Arnold, illustrated by Tony De Saulles

Text copyright ⓒ 2004 by Nick Arnold
Illustrations copyright ⓒ 2004 by Tony De Saulles
All rights reserved.
Korean translation copyright ⓒ 2007 by Gimm-Young Publishers, Inc.
This Korean edition was published by Gimm-Young Publishers, Inc.
in 2007 by arrangement with Scholastic Ltd. through EYA(Eric Yang Agency), Seoul.

이 책의 한국어판 저작권은 에릭양 에이전시를 통한 Scholastic Ltd.와의 독점계약으로
(주)김영사에 있습니다. 저작권법에 의하여 한국 내에서 보호를 받는 저작물이므로
무단 전재와 복제를 금합니다.

오싹오싹 무서운 독

1판 1쇄 인쇄 | 2007. 5. 3.
개정 1판 1쇄 발행 | 2019. 12. 5.

닉 아놀드 글 | 토니 드 솔스 그림 | 이충호 옮김

발행처 김영사 | 발행인 고세규
등록번호 제 406-2003-036호 | 등록일자 1979. 5. 17.
주소 경기도 파주시 문발로 197(우10881)
전화 마케팅부 031-955-3100 | 편집부 031-955-3113~20 | 팩스 031-955-3111

값은 표지에 있습니다.
ISBN 978-89-349-9838-9 74080
ISBN 978-89-349-9797-9 (세트)

좋은 독자가 좋은 책을 만듭니다. 김영사는 독자 여러분의 의견에 항상 귀 기울이고 있습니다.
독자의견전화 031-955-3139 | 전자우편 book@gimmyoung.com
홈페이지 www.gimmyoungjr.com | 어린이들의 책놀이터 cafe.naver.com/gimmyoungjr

이 도서의 국립중앙도서관 출판시도서목록(CIP)은 서지정보유통지원시스템
홈페이지(http://seoji.nl.go.kr)와 국가자료공동목록시스템(http://www.nl.go.kr/kolisnet)에서
이용하실 수 있습니다. (CIP제어번호 : CIP2019031271)

어린이제품 안전특별법에 의한 표시사항
제품명 도서 제조년월일 2019년 12월 5일 제조사명 김영사 주소 10881 경기도 파주시 문발로 197
전화번호 031-955-3100 제조국명 대한민국 ⚠주의 책 모서리에 찍히거나 책장에 베이지 않게 조심하세요.

차례

책머리에 7
죽음의 물질 10
끔찍한 중독의 고통 25
독에 얽힌 피비린내 나는 이야기 38
무시무시한 독가스 51
사람을 미치게 하고 죽이는 금속 66
준금속의 침공 79
끔찍한 독을 가진 식물 94
무서운 독을 가진 동물 110
독극물 전문 탐정이 되기 위한 훈련 과정 144
끝맺는 말 : 오싹한 진실 163

닉 아놀드는 어린 시절부터 책을 쓰기 시작했지만, 독에 관한 책을 써서 유명해지리라고는 꿈에도 생각지 않았다. 이 책을 쓰기 위해 아놀드는 선생님을 좀비로 만들고, 토한 것을 맛보기까지 했다. 그렇지만 그는 그 모든 것을 즐겼다고 한다.

〈앗, 이렇게 재미있는 과학이!〉 시리즈에 관한 일을 하지 않을 때에는 피자를 먹거나 자전거를 타거나 썰렁한 농담을 생각한다고 한다(음, 물론 이 모든 것을 동시에 하는 것은 아니다).

토니 드 솔스는 기저귀를 차고 다닐 때부터 크레용을 집어 들고 놀았으며, 그 후로 계속 낙서와 그림을 그려 왔다. 그는 〈앗, 이렇게 재미있는 과학이!〉 시리즈에 홀딱 빠져 검은독거미와 친구가 되는 것도 마다하지 않았다. 다행히도 지금은 건강을 완전히 회복했다.

스케치북을 들고 밖으로 나가지 않을 때면 시를 쓰거나 스쿼시 게임을 즐긴다. 그렇지만 아직까지 스쿼시에 관한 시는 한 편도 쓴 적이 없다고 한다.

책머리에

미리 경고하는데, 이 책은 너무나도 섬뜩한 내용을 담고 있으므로 심장이 약하거나 겁이 많은 어린이가 읽기에 적절하지 않을 수도 있다.

이 책은 독에 대해 다룬다. 많은 사람들은 독이 아주 위험하다는 것을 안다. 특히 실수로 독을 삼키기라도 하면, 정말로 목숨이 위태로운 공포의 순간을 맞이하게 될지도 모른다!

좋다! 그렇지만 이 책은 화학 수업보다도 위험하고, 아슬아슬한 실험보다 더 가슴을 졸이게 한다는 점을 미리 알려 두고자 한다. 실제로 이 책이 얼마나 위험한가를 측정하려고 시도해 보았는데, 측정 기계가 폭발하고 말았다.

어때? 등골이 서늘하지? 얼른 책을 놓고 싶지?

그렇다면 좋다. 이 책은 죽음의 물질에 얽힌 무서운 비밀과 그것을 삼켰을 때 나타나는 끔찍한 결과를 들려줄 것이다. 또 어떤 독이 사람을 분홍색이나 파란색 혹은 노란색으로 변하게 하는지, 독사와 독거미를 비롯해 독을 지닌 끔찍한 동물과 식물에는 어떤 것이 있는지 소개할 것이다.

그뿐만이 아니다. 동생을 미라나 좀비로 만드는 방법과 같은 신나는 이야기도 나온다. 그것도 아직 팔팔하게 살아 있는 채로!

음, 아무래도 그 이야기는 빼는 게 좋겠군. 아니, 이 책을 치우는 게 좋겠다.

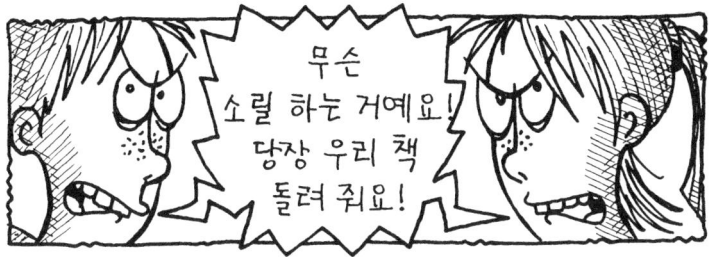

정 그렇다면 할 수 없다. 용기가 있다면 계속 읽어 보라. 그렇지만 악몽을 꾸었다고 나를 탓하진 말길 바란다.

죽음의 물질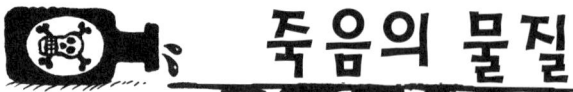

이 이야기를 들으면 정말로 머리털이 쭈뼛 설 것이다. 여러분이 살고 있는 이 세상은 독이 득시글거리고 있다.

● 사방에 독가스가 널려 있다.

● 독을 가진 식물도······.

● 독을 가진 동물도 있다.

그런데 독이란 과연 무엇인가? 계속 읽어 보라. 책 속에 진리가 담겨 있으니까.

독이란 무엇인가?

 독은 신체의 정상적인 화학 작용을 교란시키는 물질을 말한다. 이게 무슨 말인지 쉽게 설명하기 위해 멀뚱이 선생님을 커다란 시험관으로 바꾸어 그 몸속에서 무슨 일이 일어나는지 살펴보기로 하자. 다른 사람의 몸과 마찬가지로, 멀뚱이 선생님의 시험관 몸속에서도 수백억 가지 화학 변화(혹은 과학자들이 쓰는 용어를 사용하자면 '화학 반응')가 일어나고 있다.

 그러나 독은 우리 몸에서 일어나는 이 중요한 화학 변화를 엉망으로 망쳐 놓는다. 화학 반응이란 뭐냐 하면…… 음, 그러니까 운동장에서 놀이를 하고 있는 아이들을 생각하면 된다. 얼핏 보기에는 뒤죽박죽처럼 보이지만, 놀이에는 어떤 규칙이 있고, 모든 아이가 어떤 역할을 담당하고 있다. 반면에 독은 아이들이 놀고 있는 곳을 휘젓고 다니면서 놀이를 방해하는 불량배와 같다. 불량배는 다른 아이들을 쫓아 버리고는 자신이 만든 규칙에 따라 놀이를 하게 한다.

쉽게 말해서, 불량배 독이 우리 몸에서 잘 일어나고 있는 중요한 화학 반응을 망쳐 놓는 것이다!

독은 왜 위험한가?

중요한 화학 반응이 제대로 일어나지 않으면, 우리 몸이 생명을 계속 유지할 수 없다. 멀뚱이 선생님을 한 번 더 살펴보기로 하자. 우리 몸이 살아가기 위해서는 늘 화학 반응이 필요하다.
- 뇌는 근육에 신호를 보낸다.

- 선생님이 원하는 때와 장소에서 근육이 움직인다.
- 위장이 음식물을 소화시킨다.
- 몸은 음식물에서 얻은 당과 공기에서 얻은 산소를 이용해 에너지를 만든다(몸은 살아가기 위해서 그리고 화학 반응을 일어나게 하기 위해 에너지가 필요하다).

그러나 만약 독 때문에 화학 반응들이 제대로 일어나지 않으면, 멀뚱이 선생님의 몸은 제대로 돌아가지 않을 것이고, 심지어는 죽을 수도 있다.

독의 종류

앞에서도 말했듯이, 우리 주위에는 곳곳에 독이 도사리고 있다. 그중 중요한 것 몇 가지를 소개하겠다.

- 일산화탄소와 염소 같은 독가스. 56쪽과 62쪽에 가서 이 독가스를 만나면 아마도 여러분은 숨이 턱 막힐걸!
- 납과 수은 같은 독성 중금속. 72쪽과 77쪽에 가서 만나게 될 것이다. 친해질 생각은 않는 게 좋다.
- 비소, 안티몬 같은 독성 준금속. 81쪽과 84쪽에 가면 만나게 되는데, 꼭 멀미 봉지를 챙겨 가도록 하라!
- 까마중 같은 식물이 만드는 독. 94쪽에 가면 여러분 정원에서 볼 수 있는 끔찍한 식물들을 만나게 될 것이다.
- 검은독거미와 초록맘바 같은 벌레와 동물이 만들어 내는 독. 110쪽에 가면 아마 여러분 입에선 비명이 터져 나올걸!
- 질산(다음 페이지 내용 참고)과 같은 산과 세관용 약품(막힌 배수구 뚫는 약품) 같은 염기성 화학 물질. 이 물질들은 아주 강

해서 여러분의 몸을 녹일 수도 있다. 149쪽에 가면 살이 타는 냄새를 맡을 수 있다.

물론 어떤 독성 물질은 다른 것보다 특히 소름 끼치는 결과를 낳는다.

- 인(80쪽 참고)은 똥과 구토물을 어둠 속에서 빛나게 만든다.
- 질산은 흰 거품이 이는 콧물, 살이 타는 통증 그리고 너무 역겨워 이 책처럼 고상한 책에서는 차마 언급할 수 없는 결과를 초래한다.
- 아질산나트륨은 혈액이 산소와 결합하지 못하게 방해한다. 혈액이 붉은색을 띠는 것은 산소 때문인데, 혈액에 산소가 부족하면 몸은 파랗게 변하게 된다.

그런데 다음 이야기로 넘어가기 전에 여러분이 꼭 만나 봐야 할 사람들이 있다. 바로 이 책의 표지에 나온 사람들이다. 이 책의 독극물 전문가인 얼렁뚱땅 백작과 그 조수인 아리송 양을 소개한다.

얼렁뚱땅 백작이 가장 좋아하는 독은 무엇일까?

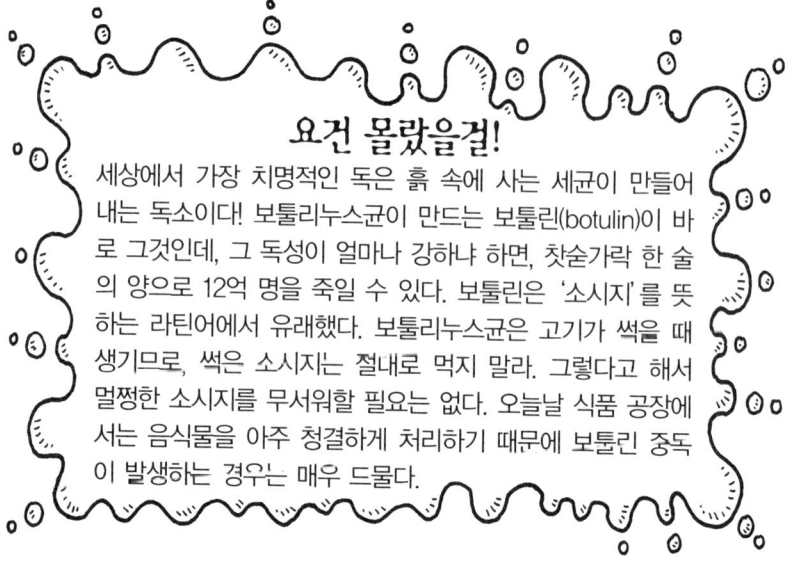

요건 몰랐을걸!

세상에서 가장 치명적인 독은 흙 속에 사는 세균이 만들어 내는 독소이다! 보툴리누스균이 만드는 보툴린(botulin)이 바로 그것인데, 그 독성이 얼마나 강하냐 하면, 찻숟가락 한 술의 양으로 12억 명을 죽일 수 있다. 보툴린은 '소시지'를 뜻하는 라틴어에서 유래했다. 보툴리누스균은 고기가 썩을 때 생기므로, 썩은 소시지는 절내로 먹지 말라. 그렇다고 해서 멀쩡한 소시지를 무서워할 필요는 없다. 오늘날 식품 공장에서는 음식물을 아주 청결하게 처리하기 때문에 보툴린 중독이 발생하는 경우는 매우 드물다.

독에 관한 소름 끼치는 사실

미리 공포에 떨 것까진 없다. 지금 여러분은 아무 이상을 못 느끼고 편안하게 있는가? 그렇다면 다행이다. 겁주고 싶진 않지만, 여러분은 매번 독을 먹고 마시고 있다! 아마 오늘도 분명 독을 삼켰을걸? 그렇지만 공포에 떨 것까진 없다고 했지? 점심을 먹고 나서도 아직 죽지 않고 멀쩡하잖아? 다음에 소개하는 독성 물질은 한꺼번에 많은 양을 삼킬 때에만 독이 된다.

학교 급식 - 역겹긴 하지만 독은 아니다.

1. 물도 독이다! 지나치게 많이 마시면 신경 신호의 화학에 교란을 일으킨다. 그러면 머리가 혼란해지고 몸이 피곤해지고, 맑은 정신으로 깨어 있을 수가 없게 된다. 심하면 죽을 수도 있다. 그렇지만 너무 불안해하진 마라. 월요일 아침에 이런 느낌이 드는 것은 일요일 밤에 마신 물하고는 아무 상관도 없으니까! 물은 단시간에 엄청나게 많은 양을 마실 때에만 독이 될 수 있다.

2. 소금에는 독이 한 가지가 아니라 두 가지나 들어 있다. 바로 나트륨과 염소가 그것! 이 두 가지 독은 소금 속에서 마치 몸이 서로 묶인 악당들처럼 결합돼 있다.

그러나 소금을 너무 많이 먹으면(큰 숟가락으로 여러 숟가락 이상), 신경의 작용에 장애를 일으켜 목숨이 위태로워질 수 있다.

3. 설탕도 독이다! 혈액 속에 당분의 양이 많으면, 몸에 있던 물이 혈액 속으로 흡수된다. 몸은 소변을 통해 당분을 제거하

려고 하지만, 그럴수록 몸에서 수분이 부족해진다. 당분은 미생물의 수분을 흡수하여 말라 죽게 할 수 있다. 그렇지만 너무 불안해할 것 없다! 여러분은 미생물보다 몸이 훨씬 크기 때문에 말라 죽기까지는 설탕을 엄청나게 많이 퍼먹어야 하니까.

어느 정도의 설탕을 먹어야 독이 되는지 알아보기 위해 멀뚱이 선생님에게 불길한 미소를 씩 지으면서 설탕으로 끈적끈적한 빵을 잔뜩 먹어 보자.

선생님 골려 주기
준비물 :
설탕이 잔뜩 들어간 빵
불길한 미소

교무실 문을 공손하게 두드린다. 방그레 미소를 지으면서 끈적끈적한 빵을 선생님에게 권한다(절대로 한입 먼저 베어 먹어서는 안 된다). 선생님이 빵을 한입 베어 물거든 이렇게 말하라.

선생님이 얼굴이 노래지면서 목을 붙잡고 캑캑거리는 모습을 잠깐 동안 감상하라. 그리고 나서 그 빵에는 독이 될 수 있는

설탕이 잔뜩 들어 있다고 설명해 준다.

여러분이 착한 학생이라고 생각되거든, 설탕을 끔찍하게 많이 먹어야만 죽는다고 친절하게 설명해 주어도 좋다. 즉, 그런 빵을 100개는 먹어야 그런 끔찍한 최후를 맞이하게 된다.

그건 그렇고, 선생님이 마시는 커피에다 설탕을 200숟가락 집어넣는 것은 불가능하니까(소금이나 변비약을 비롯해 다른 물질도 마찬가지!) 그런 건 꿈도 꾸지 마라. 만약 그랬다간 평생 동안 과학 숙제를 하게 될 것이다, 그것도 감옥에서!

무시무시한 건강 경고!

독을 삼키려고 하거나 다른 사람에게 먹일 생각은 하지 마라! 절대로! 독은 잘못하면 사람을 죽일 수 있다. 독을 가지고 장난치는 사람은 아주 멍청한 사람이다. 그랬다간 자신이 황당한 죽음을 맞이할 수도 있다.

중독을 피하려면 어떻게 해야 할까?

독은 몸속에 들어와야만 위험하다. 그러니까 다음과 같은 짓을 하지 않는 한, 여러분은 안전하다.

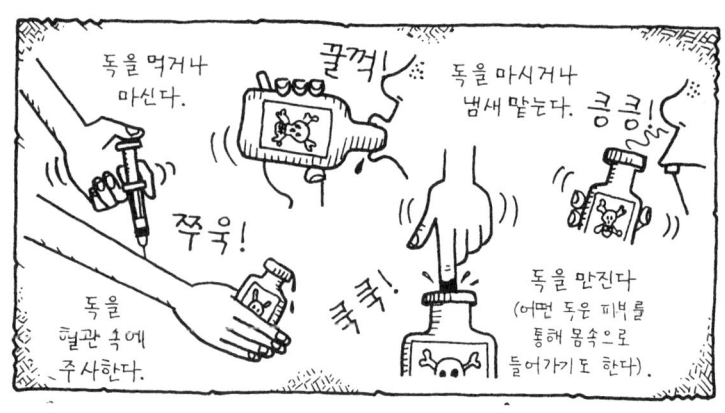

요건 몰랐을걸!

2000년 12월, 몇몇 소녀가 부탄 가스를 마시기 위해 화장실로 들어갔다. 이 소녀들의 머리는 닭대가리 비슷했던 모양이다. 부탄은 취사용으로 사용하는 독성 기체이기 때문에 불에 잘 탄다. 그 안에서 한 소녀가 담뱃불을 붙이자, 어떤 일이 일어났겠는가?

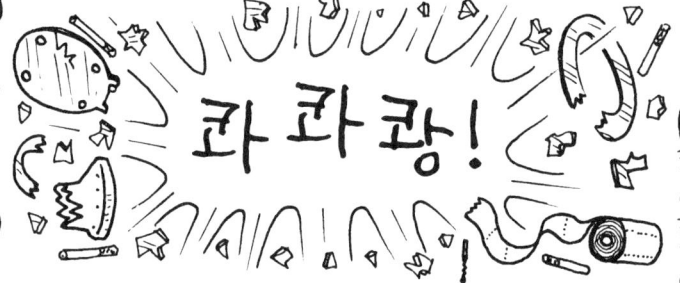

글쎄, 그래서 흡연은 건강에 나쁘다니까! 그 소녀들은 불붙인 담배 꼴이 되어 온몸에서 연기를 내뿜었지. 누차 말했듯이, 독을 삼키는 것은 어리석은 짓인데, 이 소녀들은 거기다가 불장난까지 했던 것이다.

그러나 아무리 조심하더라도 사고는 일어나게 마련

어떤 사람이 중독되었을 때 어떻게 해야 하는지 그 방법을 설명할 테니 잘 알아 두라. 그 전에 여러분을 대신해 뉴욕에서 온 용감한 사립 탐정 돈 조아 씨와 그의 충견 윗슨에게 고마움을 표시하고자 한다. 돈조아 탐정은 중독된 사람의 역할을 맡겠노라고 나섰다. 걱정하지 마, 윗슨! 그냥 중독된 체하는 것뿐이라니까!

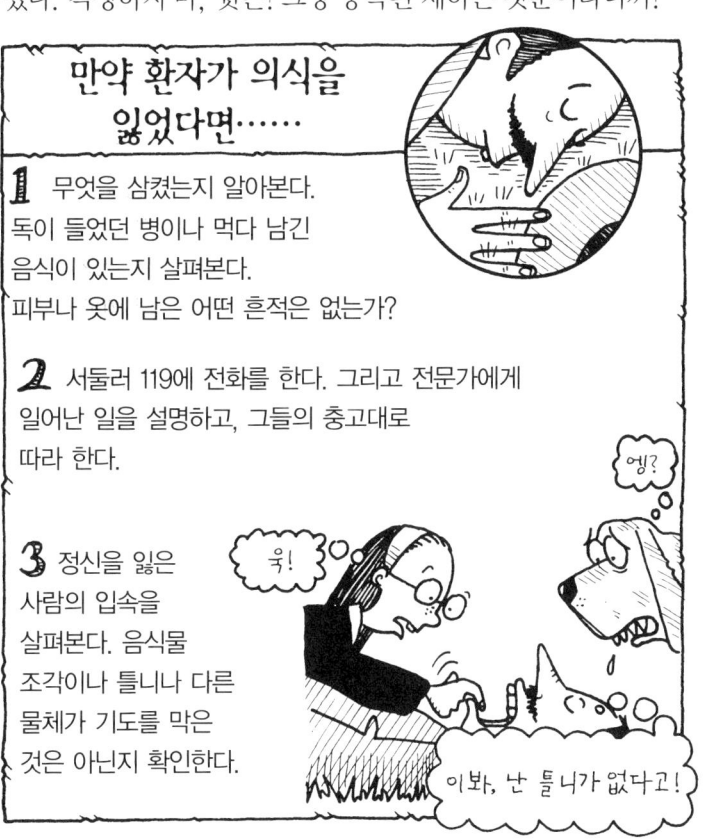

만약 환자가 의식을 잃었다면……

1 무엇을 삼켰는지 알아본다. 독이 들었던 병이나 먹다 남긴 음식이 있는지 살펴본다. 피부나 옷에 남은 어떤 흔적은 없는가?

2 서둘러 119에 전화를 한다. 그리고 전문가에게 일어난 일을 설명하고, 그들의 충고대로 따라 한다.

3 정신을 잃은 사람의 입속을 살펴본다. 음식물 조각이나 틀니나 다른 물체가 기도를 막은 것은 아닌지 확인한다.

음, 아무래도 너무 따뜻하고 편안하게 해 준 것 같군!

만약 환자가 의식이 있다면……

1 무엇을 얼마나 많이 먹었는지 물어본다.

2 서둘러 119에 전화를 한다. 그리고 전문가에게 일어난 일을 설명하고, 그들의 충고대로 따라 한다.

3 되도록이면 빨리 중독된 환자를 의사에게 데려간다.

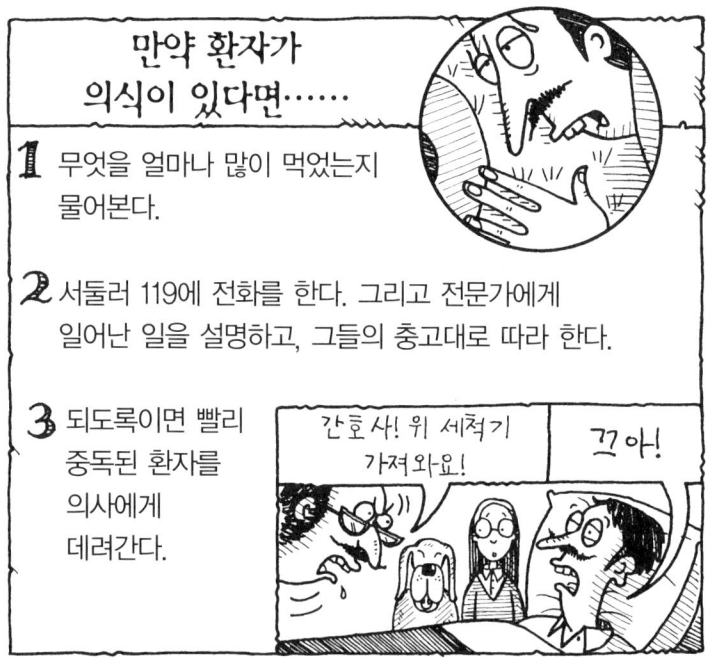

돈조아 탐정을 치료하고 있는 의사는 이 책의 의학 전문가인 내멋대로 박사이다. 내멋대로 박사를 웃길 생각일랑 아예 하지 마라. 유머 감각이라곤 전혀 없는 사람이니까!

의사는 중독 환자에게 흔히 활성 탄소(활성 숯이라고도 함)라는 물질을 먹인다. 이것은 위에서 독을 흡수하는 작용을 한다. 그런데 내멋대로 박사는 위 세척기를 사용하여 중독된 음식물을 위에서 빨아내려고 한다. 절대로 집에서는 이것을 하려고 하지 마라! 특히 식사 시간에는 절대로!

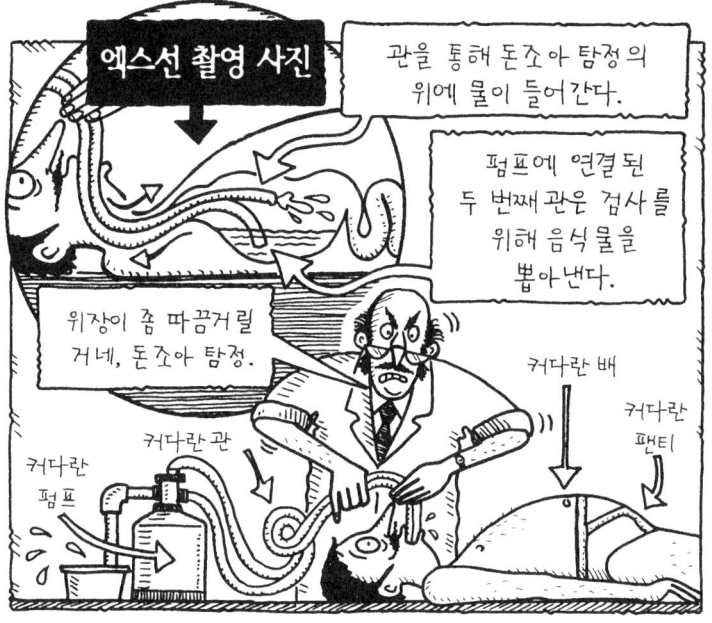

위에 든 내용물을 펌프로 뽑아내는 것은 무척 고통스러울 것처럼 보이지만, 그래도 중독으로 인한 고통에 비하면 아무것도 아니다! 그 고통을 내가 어떻게 아느냐고? 다음 장을 살짝 엿보았기 때문이지.

아마 정말로 비위가 튼튼한 사람이 아니면 다음 장은 읽기 힘들 것이다.

끔찍한 중독의 고통

얼렁뚱땅 백작이 자신이 소장하고 있는 독 중에서 몇 가지를 골라 그 효과를 보여 주겠다고 한다. 마침 이 장에서는 독이 인체에 어떤 작용을 하는지 알아보려던 참이기 때문에 잘 되었다. 우리에게 필요한 것은 늘 그렇듯이, 그 독을 직접 시험해 볼 용감한 자원자이다.

자, 그러면 독이 몸속에서 어떤 작용을 하는지 그 무시무시하고 소름 끼치는 비밀을 알아보기로 하자.

종류에 따른 독의 작용 방식

 **경고!**
아찔한 과학 용어가
곧 나올 것이다!

끔찍한 과학 용어 때문에 눈이 멀고 싶지 않다면 눈을 질끈 감는 게 좋을 것이다. 독자 여러분에게는 죄송하지만, 이 질문에 대한 답을 알아보려면 몇 가지 과학 용어를 알지 않으면 안 된다(그렇지만 친구나 선생님 앞에서 이런 용어를 써먹으면, 모두들 여러분을 과학 천재라고 생각할 것이다).

이 책을 이해하는 데 필요한 과학 용어

원자 : 여러분을 비롯해 세상의 모든 물질을 이루고 있는 가장 작은 알갱이.

분자 : 화합물을 이루고 있는 원자들의 집단. 그러니까 분자는 학교에서 여러분이 친구들과 끼리끼리 모여 있는 것과 비슷하다.

단백질 : 생물의 몸을 이루는 분자의 한 종류.

효소 : 몸에서 화학 반응의 속도를 높이는 작용을 하는 일종의 단백질. 효소가 없으면 화학 반응 속도가 너무 느리게 일어나 여러분이 살아갈 수 없다.

세포 : 여러분의 몸은 약 100조 개의 작은 세포로 이루어져 있다.

그리고 독이 작용하는 원리는……

1. 시안화물(107쪽 참고) 같은 독은 주요 효소의 작용을 차단함으로써 사람을 죽게 만든다.

2. 신경 독은 뇌에서 근육으로 가는 신경 메시지를 방해한다. 그래서 "숨을 계속 쉬어라."와 같은 중요한 명령이 제대로 실행되지 않을 수 있다. 신경 가스(64쪽 참고) 같은 것이 대표적인 신경 독이다.

3. 어떤 독은 신체 부위를 녹인다. 이러한 독에는 황산(자동차 배터리에 들어 있는 물질) 같은 산이나 오븐용 세제(149쪽 참고) 같은 염기가 있다.

4. 또 자극성 독이란 것도 있다. 이것은 남동생처럼 신경을 몹시 자극한다. 자극성 독을 마시면 창자가 따끔거리고 구토가 난다. 특히 심각한 고통을 수반하는 자극성 독의 예로는 비소(그 끔찍한 결과에 대해서는 84쪽을 참고하라)가 있다.

5. 모르핀 같은 마약성 독은 정신을 몽롱하게 만든다. 그렇지만 스트리크닌(104쪽 참고) 같은 일부 독은 불쾌한 자극 효과를 나타내거나 거기에 더해 신경까지 중독시킬 수 있다.

작은 동물에게 더욱 심각한 독

그런데 독이 작용하는 방식은 단지 독의 종류에 따라서만 차이가 있는 것은 아니다. 섭취한 독의 양 또한 중요한 변수이다. 좀 더 정확하게 말하자면, 몸 크기에 비해 얼마나 많은 양을 섭취했느냐에 따라 달라진다.

독이 든 빵으로 코끼리를 중독시키려 한다면, 빵의 크기가 최소한 축구공만 해야 한다. 그렇지만 생쥐를 독살하려고 한다면, 각설탕만 한 크기의 빵만 있어도 충분하다. 이 사실을 구체적으로 보여 주기 위해 백작은 돈조아 탐정과 사교성이 좋은 파리와 파리약이 참여하는 실험을 구상했다.

다행히도 돈조아 탐정은 실험에서 죽지 않는다. 파리약을 잔뜩 뒤집어썼지만, 돈조아 탐정은 파리보다 몸무게가 10만 배나 많이 나가므로, 돈조아 탐정을 죽이려면 10만 배나 많은 독이 필요하다.

인체의 방어 작용

독이 우리 몸에 어떤 영향을 미치는지 알아보았으니, 이번에는 몸이 스스로를 어떻게 지키는지 살펴보기로 하자. 과연 몸이 스스로를 지킬 수 있을까? 다행히도 우리 몸은 몇 가지 방어 전략을 세워 놓고 있다.

일급 비밀
몸의 방어 전략!

(독을 사용하는 암살자에게는 절대로 보여 주지 말 것!)

독을 제거하지 못하면 우린 죽은 목숨이야. 그러니 우리의 방어 전략을 잘 알아 두도록 해.

꼭 명심해 두어야 할 사실!

이 방어 전략은 비소나 납처럼 치명적이 아닌 독을 소량 흡수했을 때에만 효과가 있다. 만약 독의 양이 많다면, 우리의 방어막도 아무 소용이 없다. 또 독이 불과 몇 분 만에 목숨을 빼앗을 만큼 아주 치명적이라면, 우리의 방어 전략을 실행에 옮길 시간이 없다. 이 경우에는 곧장 6번 계획으로 넘어가라!

1번 계획

몸이 소량의 독을 삼켰을 경우이다. 위와 장은 토하거나 설사를 통해 독을 제거하려고 한다. 만약 독이 장에서 혈액 속으로 들어갔다면, 다음 단계로 넘어가라.

우웨엑! 부르르!

2번 계획
소변을 통해 독을 일부 제거할 수 있다.
3번 계획도 함께 실행하는 게 좋을 것이다.

3번 계획
땀을 통해 피부로 독을 내보낸다.
이 방어 전략은 독사니 독거미에게 물려 독이 혈액 속으로 들어갔을 때 특히 효과가 있다. 문제는 땀을 너무 많이 흘리고 소변을 너무 많이 보면 탈수 승세로 죽을 수도 있다는 것! 음, 그래도 아직 4번 계획에서 도움을 얻을 수 있으니 다행이다.

4번 계획
간이 위기에 빠진 우리를 구하기 위해 나섰다! 간은 우리 몸에서 독을 제거할 수 있다. 제발 그럴 수 있길 기도하자. 왜냐하면……

5번 계획
그런 건 없다.

6번 계획
으아액!!!!

여러분의 생명을 지키는 간이 고통스러운 중독의 위험으로부터 여러분을 구해 줄 수 있다는 이야기를 읽으면 좀 안심이 될 것이다. 자, 바로 여기에 여러분이 살 수 있는 기회가 달려 있다.

독에 관한 X-파일

이름 : 생명을 지키는 간
기초 사실 : 1. 간은 무게가 1.5kg 정도 나가며, 여러분의 오른쪽 옆 갈비뼈 아래에 자리잡고 있다.

2. 간은 혈액을 거르는 체와 같다. 간은 불과 5분 만에 우리 몸에 있는 모든 혈액을 거를 수 있다. 일 년이면 우유 탱크차 23대를 가득 채울 수 있는 양을 거른다.

드라큘라 백작이 주문한 거요.

3. 간이 혈액에서 걸러 내려고 하는 것은 여러분이 살아가는 데 꼭 필요한 비타민 같은 필수 물질이다. 그렇지만 그와 동시에 독성 물질도 걸러 내 화학적 처리를 통해 안전한 것으로 만든다.

4. 일부 독은 혈액에 섞인 채 신장으로 가 그곳에서 오줌으로 걸러져 몸 밖으로 나간다. 또 일부 독은 쓸개즙이라는 소화액에 섞여 똥으로 배출된다.

그러니 일을 보고 나서는 꼭 손을 깨끗이 씻어!

끔찍한 사실 : 1. 간은 소량의 독만 처리할 수 있다. 독이 너무 많이 몸에 들어오면 간은 그것을 다 처리할 수가 없다. 간에 특히 위험한 독으로는 인과 일부 버섯의 독이 있다.
2. 간이 손상을 입으면, 해독 작용을 제대로 할 수 없다. 그러면 쓸개즙에 섞여 배출되어야 할 화학 물질이 피부와 눈알을 노랗게 만든다. 내멋대로 박사는 이렇게 진단한다.

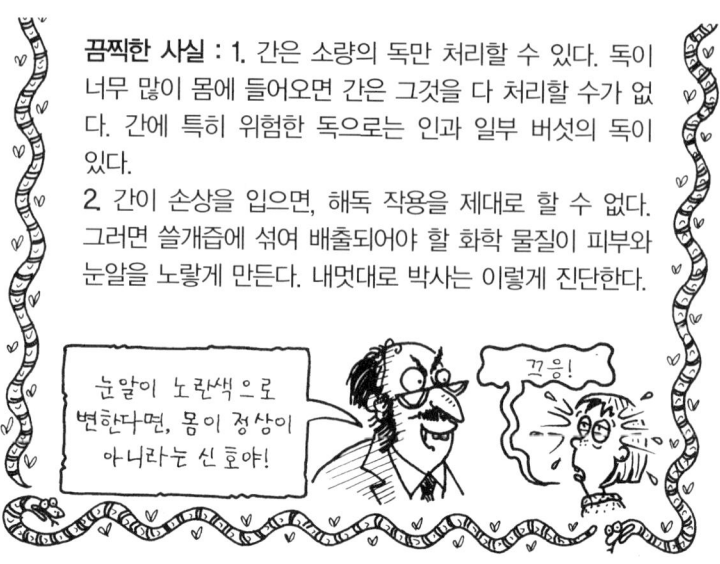

　물이나 설탕 같은 아주 유용한 물질도 너무 많이 섭취하면 독이 될 수 있다고 한 것, 기억하고 있겠지? 너무 많이 섭취하면 몸에 해로운 또 한 가지 물질은 비타민 A이다. 비타민 A는 생선과 달걀, 버터, 우유, 당근 등에 많이 들어 있다. 비타민 A는 여러분 몸에서 어디에 가장 많이 저장돼 있을까?

　바로 간에 저장돼 있다! 비타민 A가 부족하면 피부병이나 야맹증에 걸릴 수 있다. 그렇지만 비타민 A가 너무 많으면 죽을 수도 있다. 오스트레일리아 탐험가 더글러스 모슨은 어렵게 어렵게 이 사실을 알아냈다. 모슨이 애인에게 편지를 썼다면 아마도 이렇게 쓰지 않았을까?

죽느냐 사느냐!

남극에서, 1912년 11월 20일

안녕, 파키타?
잘 지내고 있겠지? 나도 잘 지내.
지금 난 포근한 천막 안에서 친구인
머츠와 니니스와 함께 앉아 있어.
우리가 남극 대륙의 이 쪽 지역을 최초로
탐험했다는 사실을 생각하면 하늘을 날 것 같은
기분이야. 우리는 목표 지점을 향해 한발 한발 나아가고 있어.
그렇지만 일이 쉽지만은 않았어. 깊이 쌓인 눈 밑에는
크레바스가 군데군데 숨어 있어.
크레바스가 뭐냐고?
얼음 사이에 갈라진 틈으로,
깊이가 수백 미터나 되는 구덩이지.
그래서 우리는 아주 조심조심 나아가지
않으면 안돼! 음, 그런데 이 편지는 아무래도 내년에 우리가
오스트레일리아로 돌아갈 때쯤에야 자기에게 도착할 것 같아.
가자마자 우리 결혼식을 올리기로 해! 아, 어서 돌아가고
싶어 미치겠다.
사랑해!

더글러스가

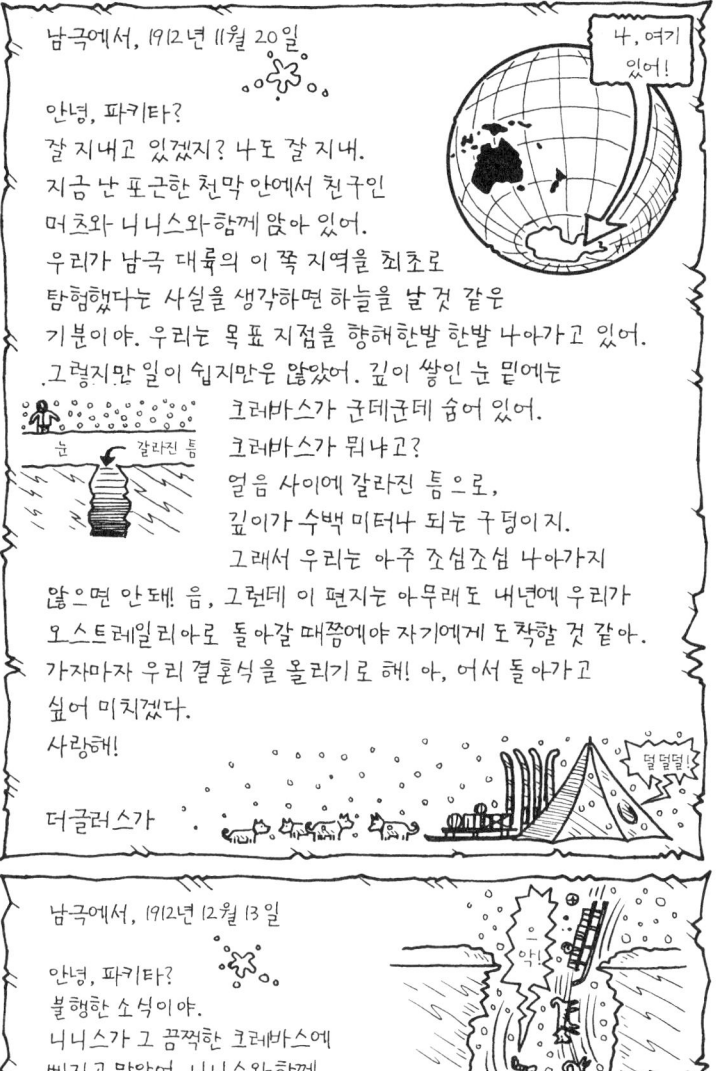

남극에서, 1912년 12월 13일

안녕, 파키타?
불행한 소식이야.
니니스가 그 끔찍한 크레바스에
빠지고 말았어. 니니스와 함께

식량과 장비를 싣고 있던 썰매와 썰매를 끌던 개들도
사라지고 말았어.
우리는 하루 종일 크레바스 속에다 대고 소리를
질렀지만, 도움을 요청하는 희미한 목소리만
들려올 뿐이었어. 그렇지만 얼마 후 그 소리마저
들리지 않았어. 니니스는 죽은 게 분명해. 그래도 우리에겐
썰매 한 대와 그것을 끄는 개들이 남아 있어. 남은 식량을
아껴 먹고, 그게 떨어지면 개를 한 마리씩 잡아먹고 그 뼈를
남은 개들에게 주면 겨우 캠프까지 돌아갈 수 있을 거야.
물론 희망 사항이지만……

사랑해!
더글러스가

추신: 머츠가 당신이 여기
오지 않아 다행이라고
전해 주래.

남극에서, 1913년 1월 1일

안녕, 파키타?
크리스마스 날에 편지를 쓰려고 했지만, 몸이 좋지 않았어.
우리는 개를 한 마리씩 잡아먹었어. 마침내 마지막 한 마리
남은 개까지 잡아먹었어. 개고기는 냄새가 고약해.
특히 발은 맛이 끔찍해. 아마도 우리 식성에
맞지 않나 봐. 머츠는 나보다도 개고기를
더 싫어해. 그렇지만 난
머츠에게 가장 맛있는 부분을
먹으라고 주었어.
바로 간이었지.

사랑해!
더글러스가   냠냠!

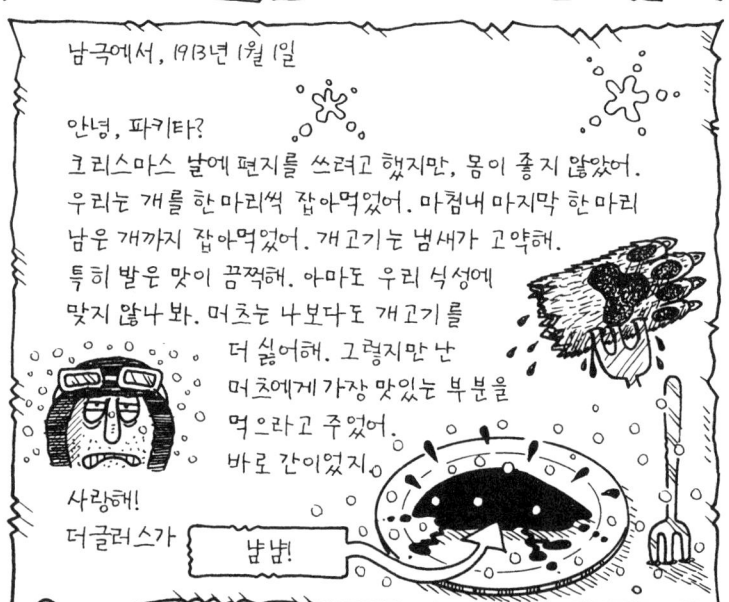

더 이상 여기가 어딘지는 알고 싶지도 않다.
1913년 1월 15일

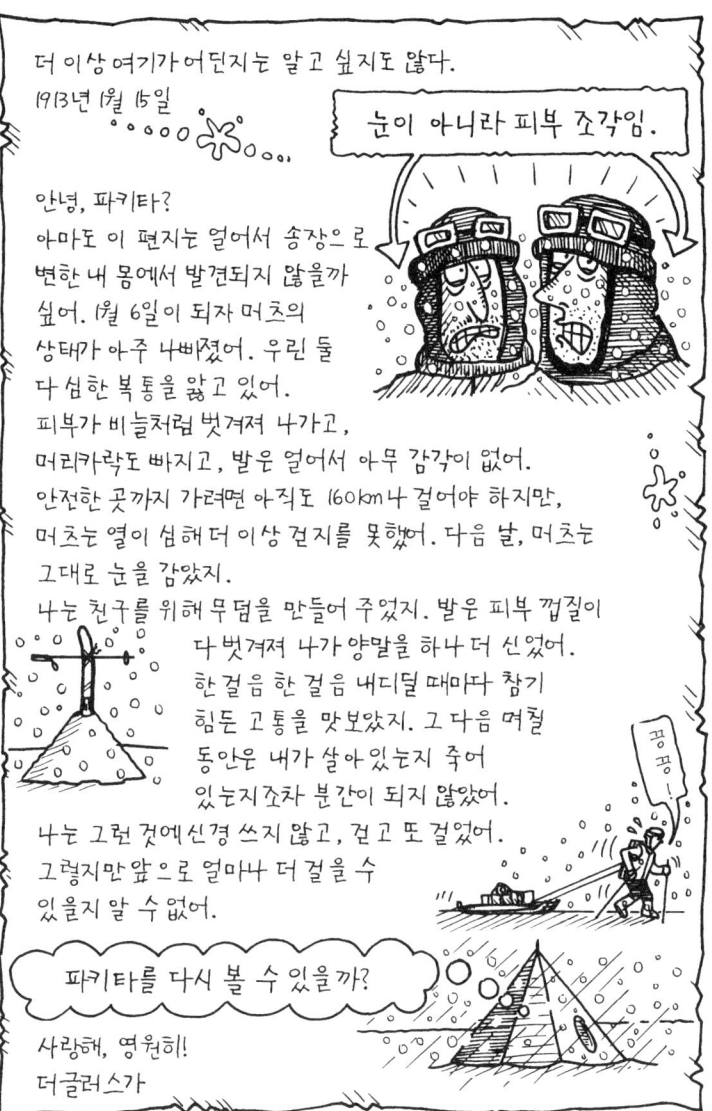

눈이 아니라 피부 조각임.

안녕, 파키타?
아마도 이 편지는 얼어서 송장으로 변한 내 몸에서 발견되지 않을까 싶어. 1월 6일이 되자 머츠의 상태가 아주 나빠졌어. 우린 둘 다 심한 복통을 앓고 있어. 피부가 비늘처럼 벗겨져 나가고, 머리카락도 빠지고, 발은 얼어서 아무 감각이 없어. 안전한 곳까지 가려면 아직도 160km나 걸어야 하지만, 머츠는 열이 심해 더 이상 걷지를 못했어. 다음 날, 머츠는 그대로 눈을 감았지.
나는 친구를 위해 무덤을 만들어 주었지. 발은 피부 껍질이 다 벗겨져 나가 양말을 하나 더 신었어. 한 걸음 한 걸음 내디딜 때마다 참기 힘든 고통을 맛보았지. 그 다음 며칠 동안은 내가 살아있는지 죽어 있는지조차 분간이 되지 않았어. 나는 그런 것에 신경 쓰지 않고, 걷고 또 걸었어. 그렇지만 앞으로 얼마나 더 걸을 수 있을지 알 수 없어.

파키타를 다시 볼 수 있을까?

사랑해, 영원히!
더글러스가

남극에서
1913년 2월 8일

안녕, 파키타?
그 동안에 무슨 일이 일어났는지
아마 상상도 하기 힘들 거야!
식량을 저장해 둔 얼음 동굴로 찾아가는
길이 머리에 문득 떠올랐어! 밖에서는
폭풍이 씽씽거리고 있었어. 이제 캠프까지
는 불과 8km밖에 안 남았지만, 나는 동굴
을 떠날 수가 없었어. 마침내 폭풍이 잦아
들고 나서야 나는 출발했지. 비틀거리는 걸음으로 언덕을 넘자
캠프가 나타났어! 그런데 배가 떠나고 있지 뭐야! 나는 절망에
사로잡힌 채 멀어져 가는 배를 멀뚱히 바라보고 서 있었지.
그들은 더 이상 기다리길 포기한 게 분명했어. 배가
돌아오지 않는다면 나는 이제 죽은
목숨이나 다름없어. 나는 비틀거리며
텅 빈 캠프로 갔어. 초점 없는 눈으로
이리저리 시선을 옮기던 나는 그곳에
남아 있던 일행을 발견했어! 그들은
너무나도 처참한 몰골로 변한 나를
알아보지 못했어. 하기야 나도 거울에 비친 내 모습이 누구인지
알아볼 수 없었으니까! 그것은 누더기를
걸치고 뼈만 앙상하게 남은 말라깽이
허수아비처럼 보였어. 게다가
머리카락도 숭숭 빠져 머리가
달걀 같지 뭐야! 곧 다시
만나길 기약하며,

사랑해!
더글러스가

추신: 나하고 결혼하고 싶은 마음이 싹 달아났다 하더라도,
다 이해해 줄 수 있어.

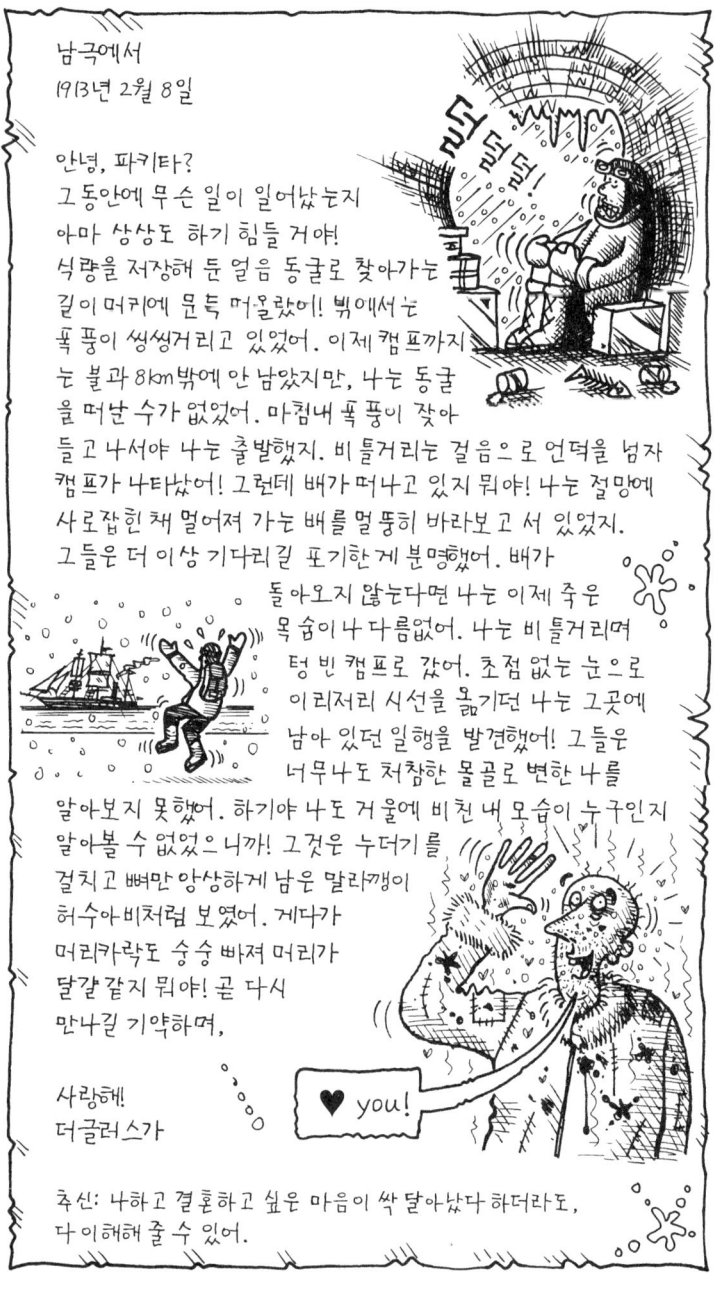

영웅의 귀환

더글러스 모슨과 나머지 일행은 무전으로 배를 다시 불렀다. 모슨은 영웅 대접을 받으며 오스트레일리아로 돌아왔고, 파키타는 여전히 그와 결혼하고 싶어 했다.

그런데 머츠를 죽이고, 모슨까지 거의 죽음 직전으로 몰고 갔던 그 불가사의한 질병은 무엇이었을까? 당시에는 아무도 그 진상을 몰랐으나, 결국 그들은 간에 중독된 것으로 밝혀졌다! 그들이 데리고 간 개는 북극 지방에 살던 에스키모개였다. 북극에 사는 다른 동물과 마찬가지로 에스키모개의 간에는 다량의 비타민 A가 저장돼 있다. 그래서 그 간을 먹은 그들은 비타민 A 과다증으로 복통과 구역질이 나고, 피부가 벗겨져 나가고, 머리카락이 빠지는 증상이 나타났던 것이다. 그리고 간을 많이 먹은 머츠는 목숨까지 잃었다.

모슨은 운이 좋았다. 그는 간을 덜 먹었기 때문에 살아남았다. 그리고 어쨌든 그의 이야기는 행복한 결말로 끝났다. 그러나 다음 장에 등장하는 사람의 운명은 그렇지 못했다.

독에 얽힌 피비린내 나는 이야기

독보다 더 섬뜩한 것이 있다면, 그것은 바로 독을 사용하는 사람이다! 여기서는 사람들이 독을 어떻게 사용해 왔는지 그 소름 끼치는 이야기를 들려주겠다.

정확히 언제부터인지는 알 수 없지만, 수천 년 전부터 사람들은 독을 무기로 사용하는 법을 터득했다. 일본, 남아프리카, 남아메리카를 비롯해 세계 각지에 살고 있던 원주민들은 사냥을 할 때 무기에 독을 묻혀 사용했다.

고대 그리스인은 독화살을 사용했는데, 독이 어떻게 피부를 통해 몸속으로 침투하는지 알고 있었다. 그리스 신화에 등장하는 초인적인 영웅 헤라클레스도 독이 묻은 옷을 입고서 죽어 간다. 로마 시인 오비디우스는 그 장면을 다음과 같이 섬뜩하게 묘사했다.

옷은 그의 몸에 찰싹 달라붙어 떨어지지 않았다. 고통을 견디지 못해 옷을 쥐어뜯을 때마다 살점도 함께 떨어져 나갔다. 살점이 갈기갈기 떨어져 나가자 근육과 뼈가 그대로 드러났다. 새빨갛게 달아오른 쇠가 물속에서 쉿쉿거리며 끓듯이, 굳어 버린 그의 핏속에서는 독이 쉿쉿거렸지.

정말 대단한 시가 아닌가! 문학 시간에 이것을 큰 소리로 낭독해 보는 게 어때? 그리고 선생님이 입을 손으로 막고 황급히 교실 밖으로 뛰어나가는 걸 즐겨라.

헤라클레스는 고통을 멈출 수 있는 방법은 산 채로 자기 몸을 불태우는 것뿐이라고 판단했다. 그래서 친구의 도움을 받아 자기 몸을 불살랐다. 그렇지만 그것으로 이야기가 끝나진 않았다. 신들이 그를 측은히 여겨 하늘로 데려와 여신과 결혼해 살게 해 주었기 때문이다. 그리하여 헤라클레스는 험난한 삶을 마감하고, 영원한 행복을 얻게 되었다는 전설!

헤라클레스 이야기는 그저 신화일 뿐이지만, 고대 그리스인과 로마인은 독으로 사람을 죽이는 방법을 잘 알고 있었다. 수많은 사람들이 독살되었지만, 그중에서 한 가지만 소개하고자 한다.

독살의 추억

피해자 : 아가토클레스
직업 : 시라쿠사의 왕
사건 발생 시간 : 기원전 289년
살해된 장소 : 시칠리아
가해자 : 그의 손자
사건 경위 : 아가토클레스는 깃털의 뾰족한 끝부분으로 이 사이에 낀 음식물 찌꺼기를 청소하는 습관이 있었다. 그걸 알고 있던 그 나쁜 손자는 깃털을 독에다 담갔다.
중독된 왕은 몸을 움직일 수 없었다(그것은 아마도 신경 독의 일종이었을 것이다). 모두들 왕이 죽었다고 생각해 전통 장례 의식에 따라 화장했다. 그러나 그는 그때까지 살아 있었다!

초기에 사용되던 가장 치명적인 독은 주로 식물에서 채취했다. 가장 인기를 끌던 독 중 하나는 독미나리에서 채취한 것이었다. 기원전 399년, 그리스 철학자 소크라테스(기원전 469~기원전 399)는 아테네의 젊은이들을 타락시켰다는 죄목으로 독미나리에서 채취한 독을 마시는 형을 받았다. 독이 몸에 점점 퍼져 가고 있을 때, 스승이 죽어 가는 모습을 지켜본 플라톤은 이렇게 기록했다.

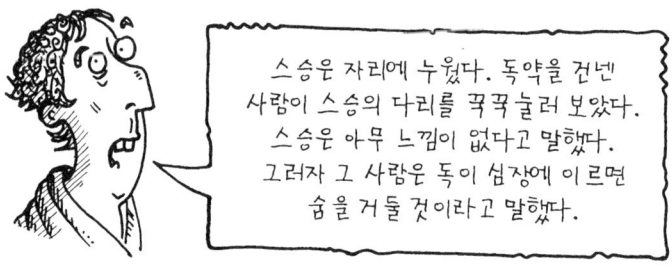

스승은 자리에 누웠다. 독약을 건넨 사람이 스승의 다리를 꾹꾹 눌러 보았다. 스승은 아무 느낌이 없다고 말했다. 그러자 그 사람은 독이 심장에 이르면 숨을 거둘 것이라고 말했다.

그렇지만 의식이 있는 동안 소크라테스는 정신이 또렷했다. 바로 이 점이 독미나리 독의 가장 끔찍한 점이 아닐까?

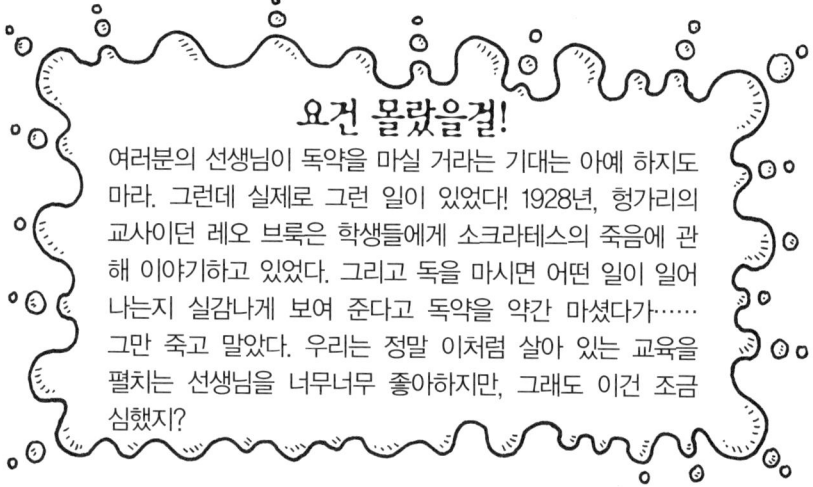

요건 몰랐을걸!

여러분의 선생님이 독약을 마실 거라는 기대는 아예 하지도 마라. 그런데 실제로 그런 일이 있었다! 1928년, 헝가리의 교사이던 레오 브룩은 학생들에게 소크라테스의 죽음에 관해 이야기하고 있었다. 그리고 독을 마시면 어떤 일이 일어나는지 실감나게 보여 준다고 독약을 약간 마셨다가…… 그만 죽고 말았다. 우리는 정말 이처럼 살아 있는 교육을 펼치는 선생님을 너무너무 좋아하지만, 그래도 이건 조금 심했지?

독은 중요한 사람을 죽이는 데 자주 사용되었다. 16세기에 이탈리아에서는 독살이 아주 빈번하게 일어났고, 독살을 전문 직업으로 삼은 사람까지 있었다.

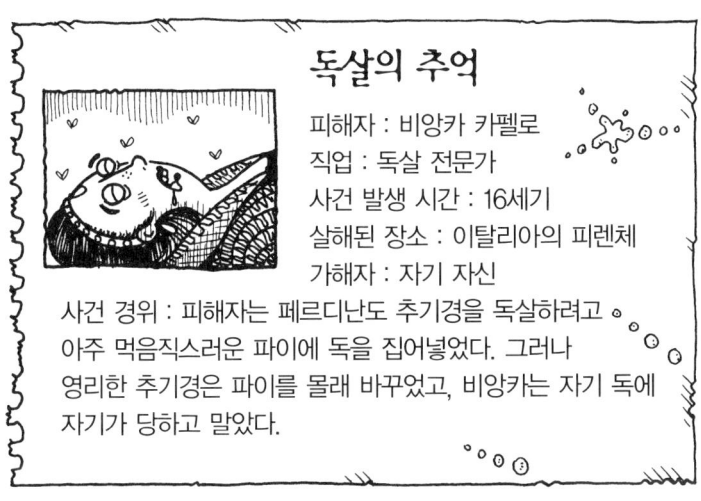

독살의 추억

피해자 : 비앙카 카펠로
직업 : 독살 전문가
사건 발생 시간 : 16세기
살해된 장소 : 이탈리아의 피렌체
가해자 : 자기 자신
사건 경위 : 피해자는 페르디난도 추기경을 독살하려고 아주 먹음직스러운 파이에 독을 집어넣었다. 그러나 영리한 추기경은 파이를 몰래 바꾸었고, 비앙카는 자기 독에 자기가 당하고 말았다.

비앙카가 살던 시대에는 이미 독이 하나의 유행 상품처럼 사용되고 있었다. 그러면 잠깐 광고를 보고 나서 다시 이야기를 계속하기로 하자. 광고하는 동안 다른 책 보기 없기!

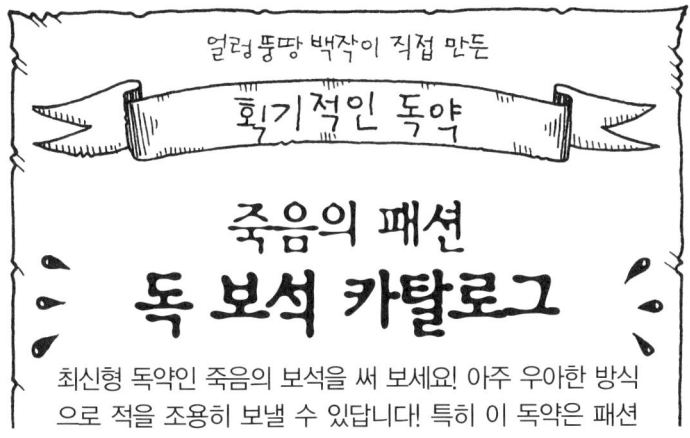

얼렁뚱땅 백작이 직접 만든
획기적인 독약

죽음의 패션
독 보석 카탈로그

최신형 독약인 죽음의 보석을 써 보세요! 아주 우아한 방식으로 적을 조용히 보낼 수 있답니다! 특히 이 독약은 패션 감각이 돋보이는 제품입니다! 멋진 의상과 아름다운 보석으로 치장한 독살자가 갖추어야 할 필수품으로는 다음과 같은 것들이 있습니다.

독 반지
반지 속에 독약을 넣어 두었다가 적이 마시는 음료수에다가 한두 방울 떨어뜨리면 끝입니다. 파티에서 분위기를 돋우는 데에는 그만이죠!

독 목걸이

목걸이에 매다는 소형 케이스와 그 안에 넣어 둘 독약까지 함께 제공합니다. 독약의 효과는 100% 보장합니다. 또 재수가 없어 현장에서 붙들리더라도 자기 입에다 독약을 털어 넣으면 입을 영원히 막을 수 있습니다. 써 보고 마음에 들지 않으면 언제든지 환불해 드립니다(단, 여러분이 살아 있다면).

낭만적인 염주 목걸이
당신의 멋진 의상에 잘 어울리는 검은 색과 주황색 목걸이!

주의 사항
이 목걸이는 독성이 있는 홍두로 만듭니다. 그러니 목걸이를 걸고 있을 때 땀을 흘리면 독이 피부 속으로 스며들어 심한 위경련을 일으킬 수 있습니다. 만약 목걸이 알을 씹기라도 하는 날이면, 흙 속에서 영원히 편안하게 쉬게 될 것입니다.

이처럼 독살을 하려는 사람들이 사방에 우글거렸기 때문에, 통치자들은 독살당할까 봐 두려움에 떨며 지낼 수밖에……. 특히 오스만튀르크(오늘날의 터키)의 술탄이던 압둘 하미드 (1842~1918)는 누구보다도 독살을 두려워한 나머지…….

- 비밀 장소에 있는 샘에서 길어 온 물만 마셨다.
- 우유에 독이 들어가는 것을 막기 위해 젖소에게도 호위병을 붙였다.

- 식사를 할 때에는 반드시 맛보는 사람과 개나 고양이에게 먼저 먹이고 나서 먹었다.
- 옷에도 독이 묻어 있을까 봐 반드시 노예에게 먼저 입혀 본 다음에 입었다.
- 그가 살던 궁전은 작은 도시로 둘러싸여 있었는데, 거기에는 술탄의 첩자가 2만 명이나 살고 있었다. 첩자들은 그중 누가 술탄을 독살하려 하지 않는지 서로를 감시했다. 첩자들의 감시가 느슨해질 경우에 대비해 앵무새도 수천 마리나 길렀는데, 낯선 사람이 몰래 돌아다니면 앵무새들이 마구 울어 댈 것이라고 기대했다.

결국 압둘 하미드는 그의 통치에 환멸을 느낀 백성들이 들고 일어나는 바람에 권좌에서 쫓겨나고 말았다. 그렇지만 그래도 그는 최소한 독살은 당하지 않았다!

불안에 떨며 살던 이 통치자들에게 필요한 것은 독을 치료할 수 있는 약이었다. 과연 그런 게 있을까?

아찔한 과학 용어

천만에! 해독제는 암호를 해독하는 데 쓰는 게 아니고, 독의 작용을 막는 물질이다. 그런데 초기의 해독제에 염소가 쓰였다는 사실을 알고 있는지?

놀라운 해독제

해독제 분자는 독 분자에 들러붙어 몸에 나쁜 작용을 하지 못하게 방해한다. 독에 대해 말썽을 일으키는 불량배로 생각하라고 했지? 해독제는 불량배를 졸졸 따라다니며 나쁜 짓을 못 하게 하는 착한 어린이들에 해당한다.

해독제를 찾아야 한다는 절박한 심정에서 사람들은 온갖 종류의 별의별 물질을 다 사용해 보았다. 다음에 소개하는 해독제 후보 중 실제로 효과가 있는 것은 어느 것일까?

아직도 어느 것이 효과가 있을지 잘 모르겠다고? 그렇다면 실제로 있었던 다음의 두 이야기를 읽어 보라. 그러면 끔찍한 진실을 알게 될 것이다. 이 두 가지 물질은 실제로 사람들에게 해독제로 사용되었다. 정말로 해독 효과가 있다면 중독된 사람은 살아남았을 것이다. 그렇지만 만약 효과가 없다면?

프랑스 왕 샤를 9세(1550~1574)는 에스파냐의 한 영주에게서 위석을 살까 생각하고 있었다. 그래서 샤를 9세는 국왕의 주치의인 앙브루아즈 파레에게 위석이 효과가 있는지 물어보았다. 파레는 실험을 통해 그 답을 알아내기로 했다. 절도 혐의로 사형 선고를 받은 요리사가 있었는데, 파레는 요리사에게 독과 위석을 함께 삼키는 실험을 한다면 사형을 면하게 해 주겠다고 제안했다. 어차피 죽을 목숨이던 요리사는 기꺼이 그러겠다고 대답했다. 그는 독을 마시고 나서 위석을 삼켰다. 그러고는…… 심한 고통 속에서 몸부림치다가 죽어 갔다. 파레는 요리사의 배를 갈라 위석을 꺼냈다. 그리고 왕에게 가서 이렇게 말했다.

한편, 독일에서는 사람의 목숨을 놓고 그 신비의 점토가 효과가 있는지 실험을 했다. 음, 내가 이야기를 재미있게 하기 위해 살을 좀 붙이긴 했지만, 기본 뼈대는 **사실**이다!

목숨을 건 실험

1581년 독일의 바덴.

난 이제 죽을 수밖에 없다. 난 도둑으로 잡혀 왔는데, 지금 와서 도둑이 아니라고 해 봤자 세상에 믿어 줄 사람은 아무도 없다. 나는 법을 어겼으므로 교수형을 당할 것이다. 그렇지만, 그렇지만 말이다. 죽기에는 너무나도 젊은 나이가 아닌가 말이다! 나는 의학도 조금 공부했다. 만약 살아남는다면, 언젠가 내가 중요한 발견을 할지 누가 알겠는가?

"제발 자비를 베풀어 주세요. 목숨만 살려 주신다면, 다시는 도둑질하지 않겠습니다."

나는 재판관에게 애걸했다.

그러나 늙은 재판관은 고개를 가로저었다.

"법대로 할 수밖에 없다. 너는 내일 처형당할 것이다."

심장이 콩닥콩닥 뛰고, 입술이 바싹바싹 타 들어갔다. 교도관들이 날 감옥으로 데려가기 위해 양쪽에서 팔을 붙잡았다. 바로 그때, 내 머릿속에 반짝 하고 기막힌 아이디어가 떠올랐다! 그것은 너무나도 끔찍하고 기묘한 아이디어라, 내가 생각해도 미친 것 같았다. 그렇지만 나는 지푸라기라도 붙잡는 심정으로 그것을 시도해 보기로 했다.

"잠깐만, 잠깐만요! 마지막 소원 하나만 들어 주세요."

"뭔가? 빨리 말하라. 나도 할 일이 많다."

재판관이 말했다.

"저에게 차라리 독을 주세요. 어떤 독이라도 좋아요."

"독이라고?" 재판관이 이마를 찌푸렸다. "그건 교수형보다 훨씬 고통이 심할 텐데……. 죽을 때까지 시간도 더 오래 걸리고 말이야. 그냥 편안히 죽는 게 좋지 않은가?"

"그렇긴 해요. 그렇지만 독과 함께 점토도 조금 먹게 해 주세요. 과학 실험을 위해서요. 만약 내가 죽는다면, 밧줄 값은 아끼지 않겠어요?"

재판관은 서기와 집행관을 불러 뭔가 소곤거렸다.

그러더니 마침내 재판관은 고개를 끄덕이며 말했다.

"좋다. 피고가 원하는 대로 해 주겠다. 염화수은을 마시고 죽도록 해 주겠다. 아까도 말했지만, 피고는 더 고통스러운 죽음을 자초하는 것이다."

그날 밤 늦은 시간.

나는 싸늘한 감방에 홀로 앉아 있다. 끈적끈적한 벽을 쳐다보고 있는 내 머릿속에는 재판관이 한 말이 계속 맴돌고 있었다. 내일이 되면 나는 도시 광장으로 끌려 나가 사람들이 보는 앞에서 독을 한 숟가락 삼킬 것이다. 그것은 여섯 사람을 충분히 죽일 수 있는 양이다.

독을 꿀꺽 삼키면 목의 근육이 마비될 것이다. 나는 그 독이 어떤 효과를 나타내는지 잘 안다. 나는 침을 질질 흘리고, 토하고, 고통에 못 이겨 돌돌 구르면서 바지를 적실 것이다. 고통은 몇 시간이고 계속되다가 비참하게 죽게 될 것이다.

유일한 희망은 한 줌의 흙이다. 이 흙은 해독 작용이 있다고 알려져 왔으나, 나처럼 실험을 해 본 사람은 아무도 없다. 나는 잠을 자지 않으려고 했으나, 새벽녘에 얼핏 잠이 들고 말았다.

다음 날 아침.

마침내 최후의 시간이 다가왔다. 나는 아무것도 먹지 않았다. 전혀 식욕이 없었기 때문이다. 죽음의 공포에 사로잡힌 내 몸은 음식 따위에는 관심도 없는 듯하다. 집행관이 뭐라고 떠들고 있지만, 내 귀에는 하나도 들어오지 않는다. 내 눈에 들어오는 것은 탁자 위에 놓인 포도주 잔, 숟가락, 독이 든 병, 작은 점토덩어리뿐이다. 사형 집행관은 다음과 같은 경고로 연설을 마쳤다.

"만약 죄인이 독을 마시고도 살아남는다면, 석방될 것이오. 그러나 만약 죽는다면, 매우 고통스럽고 추한 최후를 맞이하게 될 거요. 끔찍한 광경을 보고 싶지 않은 사람은 지금 떠나시오."

나도 떠나고 싶었다.

나는 멍한 시선으로 군중을 바라보았다. 그들은 수군거리면서 뒷걸음질을 치는 듯했다. 그러나 떠나는 사람은 아무도 없었다.

나는 숟가락에 따른 독을 쳐다보았다. 차라리 칼이 더 낫지 않을까? 사형 집행관이 숟가락을 내 입술 앞에 갖다 댔다. 나는 입을 벌리고 독을 받아 마셨다. 타는 듯한 금속 맛이 났다. 나는 꾹 참고 그것을 꿀꺽 삼켰다.

군중은 일순 숨을 멈췄다.

나는 점토를 쳐다보았다. 그것은 내 엄지손톱만 한 크기였고, 염소 모양이 찍혀 있었다. 집행관은 점토를 포도주 잔에 넣어 내게 건네 주었다. 벌써 나는 심한 고통에 몸부림치고 있었다. 어서 포도주를 마셔야 한다. 그러면 타는 듯한 이 고통이 가라앉을지도 모른다.

그러나…… 아무 효과가 없었다! 독은 내 몸속에서 활활 타오르며 전신을 할퀴고 있었다. 나는 눈을 감았다. 아, 이제…… 더 이상은…… 버틸 수가…… 없다. 이제 끝인가? 바로 그때, 고통이 약간 줄어드는 듯했다. 아, 이제 죽어 가는 것인가? 눈을 떠 보았다. 몸에는 힘이 하나도 없고, 얼굴은 창백하고 차가웠다.

숨도 힘겹게 간신히 몰아쉬고 있었다. 온몸이 쑤시고 아팠다. 그러나 나는 살 수 있다는 걸 알았다. 마법의 점토가 내 목숨을 구한 것이다.

점토는 활성 탄소와 같은 작용을 했다. 즉, 독을 일부 흡수하여 혈액 속에 들어가지 못하게 했다(사실은 숯이 점토보다 효과가 훨씬 뛰어나다. 숯은 탄소덩어리니까). 그러나 점토나 숯도 아무 효과가 없는 독들이 있다. 다음 장에서 그 무시무시한 독들을 소개하겠다.

무시무시한 독가스

여러분의 안전을 위한 경고

불쾌한 냄새가 좀 나더라도 난리법석을 피우진 말 것! 그 냄새는 이 책에서 나는 게 아니라, 여러분의 개나 동생의 몸에서 나는 것이다. 냄새가 도저히 참을 수 없을 정도로 심하다면, 안전 장비가 필요할지도 모르겠다.

독가스는 특별히 무시무시한 성질이 있다. 여러분은 공기 덕분에 숨을 쉬며 목숨을 유지할 수 있다고 생각하겠지만, 독가스는 정반대의 효과를 나타낸다! 그런데 지금 이 순간에도 여러분은 독가스를 들이마시고 있다! 정말이다!

선생님 골려 주기

커다란 손수건과 큰 용기가 필요하다. 손수건으로 코를 감싼 채 교무실 문을 똑똑 두드리라. 선생님은 앞서 끈적끈적한 빵 때문에 꽁해 있을 테니, 한껏 예쁘게 미소를 지으면서 뭐 이상한 것을 느끼지 못하겠느냐고 물어보라.

그러면 선생님은 영문을 모르겠다는 듯이 잠시 멍하니 여러분을 쳐다보다가 "아, 그래." 하며 입을 열려고 할 것이다. 바로 그때, 이렇게 말하라.

그러고는 선생님이 당황하는 모습을 몇 초 동안 바라보며 즐기다가 다음 두 가지 중 하나를 선택하라.

a) 얼굴이 빨개진 선생님의 손아귀에 붙들리지 않게 전력을 다해 달아난다.

b) 공기 중에는 산소가 들어 있는데, 산소가 바로 독이라고 설명해 준다.

독에 관한 X-파일

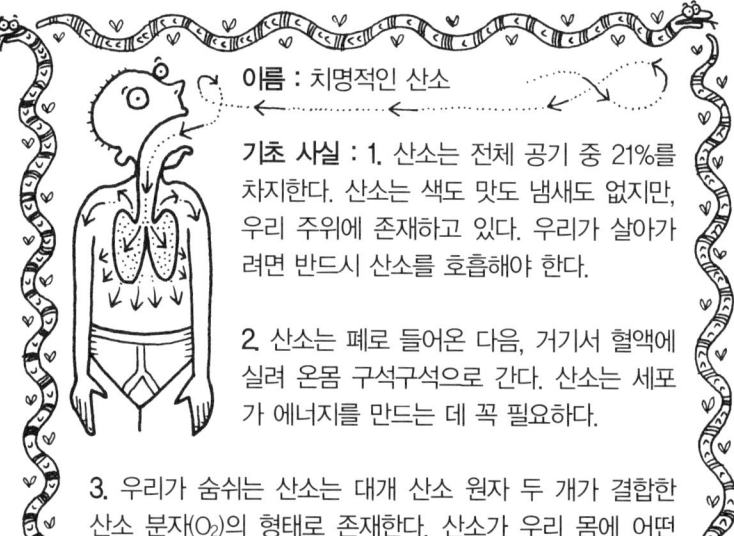

이름 : 치명적인 산소

기초 사실 : 1. 산소는 전체 공기 중 21%를 차지한다. 산소는 색도 맛도 냄새도 없지만, 우리 주위에 존재하고 있다. 우리가 살아가려면 반드시 산소를 호흡해야 한다.

2. 산소는 폐로 들어온 다음, 거기서 혈액에 실려 온몸 구석구석으로 간다. 산소는 세포가 에너지를 만드는 데 꼭 필요하다.

3. 우리가 숨쉬는 산소는 대개 산소 원자 두 개가 결합한 산소 분자(O_2)의 형태로 존재한다. 산소가 우리 몸에 어떤

영향을 끼치는지 알고 싶다면, 운동장에서 못된 쌍둥이가 잘 놀고 있는 다른 아이들의 게임을 방해하는 것을 상상하면 된다.

4. 뭐 한두 쌍둥이가 난리를 치는 정도야 얼마든지 봐 줄 수 있다. 그러나 그런 쌍둥이가 수십억이나 있다면 어떻게 될까? 산소가 너무 많이 몸속에서 활동을 하면, 우리의 몸을 돌아가게 하는 중요한 화학 반응을 망치게 된다.

5. 우리 몸이 들이마신 산소 중 대부분을 사용하지 않고 그냥 내보내는 것은 이 때문이다. 몸에서 필요한 산소는 적혈구에 붙들려 세포로 실려 간다.

끔찍한 사실 : 1. 산소에 독성이 있다는 사실을 맨 처음 알아낸 과학자는 프랑스 화학자 앙투안 라부아지에 (1743~1794)였다. 그는 기니피그를 100% 산소로만 이루어진 공기 속에 집어넣어 보았다. 그 결과는 여러분이 상상해 보라!

자, 이 기니피그는 산소 용기 속에서 얼마나 오랫동안 살 수 있을까요?

왜 만날 나만 못살게 구냐고!

2. 1951년에 의사들은 신생아에게 숨을 편하게 쉴 수 있도록 산소를 많이 공급해 주었다. 그러나 오스트레일리아의 케이트 캠벨이란 의사는 그것이 신생아의 건강에 좋지 않을 것이라고 경고했다. 그녀의 생각이 옳았다! 산소는 신생아의 눈에 있는 혈관을 손상시켰고, 수천 명의 아이가 시력을 잃었다.

이제 산소가 얼마나 위험한지 알았지? 우리는 산소가 없어도 살아갈 수 없지만, 산소가 너무 많아도 살 수 없다! 그런데 그 나쁜 산소 쌍둥이는 또 다른 나쁜 친구를 만나 새로운 독가스 갱단을 만든다. 그 갱단은 바로……

무시무시한 독의 세계 관광
1. 아찔한 독가스

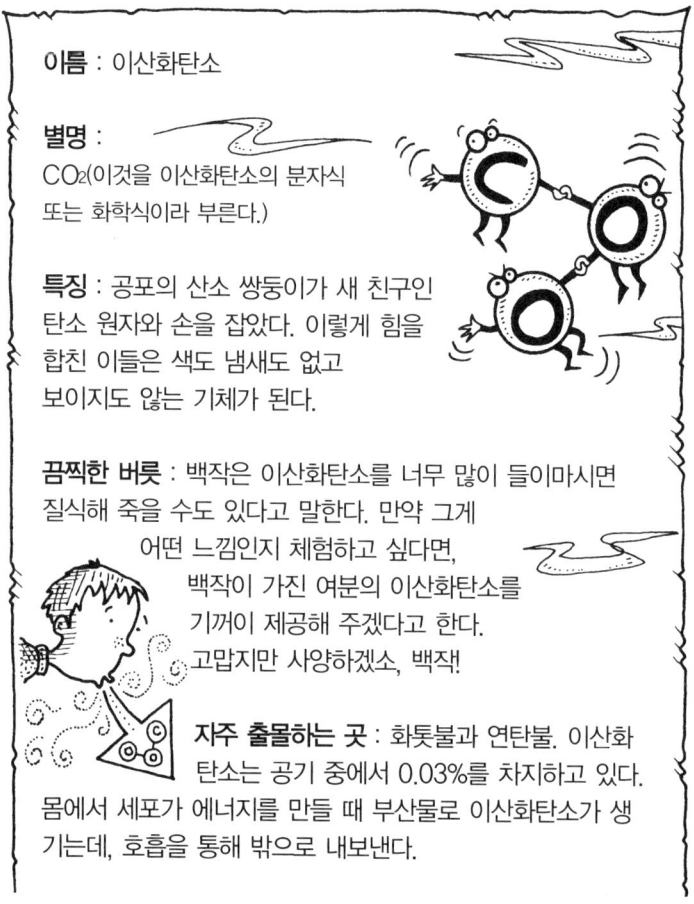

이름 : 이산화탄소

별명 : CO_2 (이것을 이산화탄소의 분자식 또는 화학식이라 부른다.)

특징 : 공포의 산소 쌍둥이가 새 친구인 탄소 원자와 손을 잡았다. 이렇게 힘을 합친 이들은 색도 냄새도 없고 보이지도 않는 기체가 된다.

끔찍한 버릇 : 백작은 이산화탄소를 너무 많이 들이마시면 질식해 죽을 수도 있다고 말한다. 만약 그게 어떤 느낌인지 체험하고 싶다면, 백작이 가진 여분의 이산화탄소를 기꺼이 제공해 주겠다고 한다. 고맙지만 사양하겠소, 백작!

자주 출몰하는 곳 : 화톳불과 연탄불. 이산화탄소는 공기 중에서 0.03%를 차지하고 있다. 몸에서 세포가 에너지를 만들 때 부산물로 이산화탄소가 생기는데, 호흡을 통해 밖으로 내보낸다.

좋은 점 : 식물은 이산화탄소를 아주 좋아한다. 식물은 공기 중에서 이산화탄소를 흡수하여 그중의 탄소 원자를 이용해 탄수화물이라는 영양분을 만든다. 그러니까 급식으로 나와 억지로 먹어야 했던 브로콜리를 포함해 여러분이 먹는 그 모든 과일과 채소가 다 독가스를 재료로 해 만들어진 것이다.

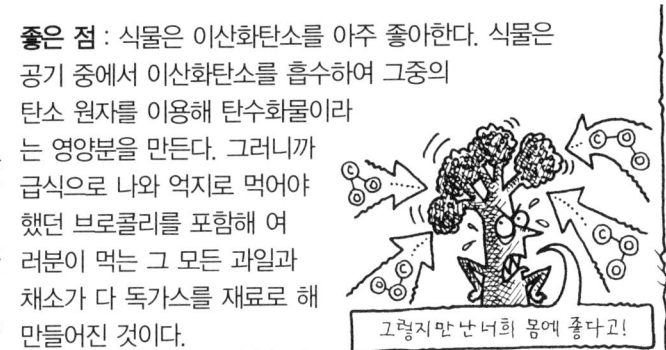

그렇지만 난 너희 몸에 좋다고!

요건 몰랐을걸!

여러분의 몸을 질식시킬 수 있는 또 하나의 독가스는 메탄이다. 중앙 난방이나 취사용 연료로 메탄을 사용하는 곳도 있다. 창자 속에 있는 세균도 이 독가스를 만들어 내는데, 방귀와 트림이 되어 몸 밖으로 나온다. 1993년, 한 남자는 콩과 양배추를 잔뜩 먹고 사방이 꽉 막힌 방 안에서 잠이 들었다. 그러고는 자기 몸에서 나온 메탄 방귀 독가스에 질식되고 말았다.

이름 : 이산화황

별명 : SO_2

특징 : 냄새가 지독한 기체이다. 그 끔찍한 산소 쌍둥이가 황 원자와 결합한 것이다.

끔찍한 버릇 : 물을 산으로 만든다. 대기 중에서는 빗물을 '산성 비'로 만든다. 이산화황 기체가 폐 속에서 수분과 섞이면 산이 되어 폐에 손상을 입힌다.

자주 출몰하는 곳 : 석탄 연기, 자동차 배기 가스.

좋은 점 : 걸핏하면 선생님이 견학이다 하여 어린이들을 귀찮게 끌고 가는 역사 유적 건물을 녹인다. 엉? 여러분은 오래된 건물을 좋아한다고? 음, 그렇다면 한 가지 더! 이산화황은 나쁜 세균도 죽인다.

이럴 수가! 할 수 없이 애들을 놀이 공원에나 데려가야겠군!

이름 : 일산화탄소

별명 : CO

특징 : 산소 하나가 탄소 하나와 결합한 것이다. 이 독가스 역시 보이지도 않고, 냄새도 없다. 그런데 산소 하나가 모자라는 일산화탄소가 이산화탄소보다 훨씬 더 위험하다!

끔찍한 버릇 : 일산화탄소는 적혈구에 무임승차하는 걸 무엇보다 즐긴다. 그리고 한번 타면 절대로 내리려고 하지 않는다.
그러면 적혈구가 산소를 운반하지 못해 우리 몸의 세포에 꼭 필요한 산소가 모자라게 된다. 그러다 결국에는 우리를 죽게 만든다.

자주 출몰하는 곳 : 연기가 많이 피어오르는 모닥불, 연탄불, 불이 제대로 타지 않는 가스 불.

좋은 점 : 얼렁뚱땅 백작은 이렇게 말한다.

이 독가스는 중독된 몸을 아주 보기 좋은 분홍색으로 만들어 주지.

백작이 이 사실을 어떻게 아는지는 알 수 없지만, 아무래도 자세한 것은 묻지 않는 게 좋겠다.

독살의 추억

피해자 : 마이클 멀로이
직업 : 부랑자
사건 발생 시간 : 1933년
살해된 장소 : 뉴욕
가해자 : 술집 주인 토니 마리노, 그 밑에서 일하던 대니얼 '레드 머피'와 장의사 프랭키 파스카

사건 경위 : 토니와 프랭키는 주머니 사정이 좋지 않았다. 술집 장사가 신통치 않았고, 프랭키의 장의사 사업도 파리를 날리고 있었다. 그래서 그들은 연고가 없는 부랑자를 죽이고는 대신에 거액의 보험금을 타 내려고 모의했다. 문제는 부랑자가 완전히 죽지 않았다는 것! 그들은 불쌍한 멀로이에게 다음과 같은 것을 주었다.
● 부동액을 마시라고 주었다. 멀로이는 그것을 꿀꺽꿀꺽 마시고는 좀 더 달라고 했다. 절대로 집에서 이것을 따라 할 생각은 하지 말 것! 부동액은 조금만 마셔도 치명적이다.
● 상한 정어리 샌드위치와 상한 굴을 주었다. 멀로이는 이것 역시 더 달라고 했다.

이 모든 시도가 실패로 돌아가자, 일당은 마침내 일산화탄소로 멀로이를 중독시켜 죽이려고 했다.
그러나 경찰은 토니 마리노와 그 일당에 대해 좋지 못한 소문이 나도는 걸 듣고는 멀로이의 시체를 파내 보았다. 분홍색으로 변한 시체는 멀로이가 어떻게 죽었는지 말해 주었다.
토니 일당은 그 다음 해에 모두 사형을 당했다.

일산화탄소는 정말로 위험한 독가스이다. 수십 년 전만 해도 언탄을 때던 가정에서 일산화탄소 중독으로 많은 사람이 죽었다. 지금도 가스 연료를 사용하는 사람들은 일산화탄소 감지기를 달아 두는 게 안전하다. 그런데 독가스 중에는 우스꽝스러운 성질을 지닌 것도 있다. 정말이다! 그중 하나는 여러분을 쉬지 않고 웃게 만들고, 어리석은 짓을 하게 만든다.

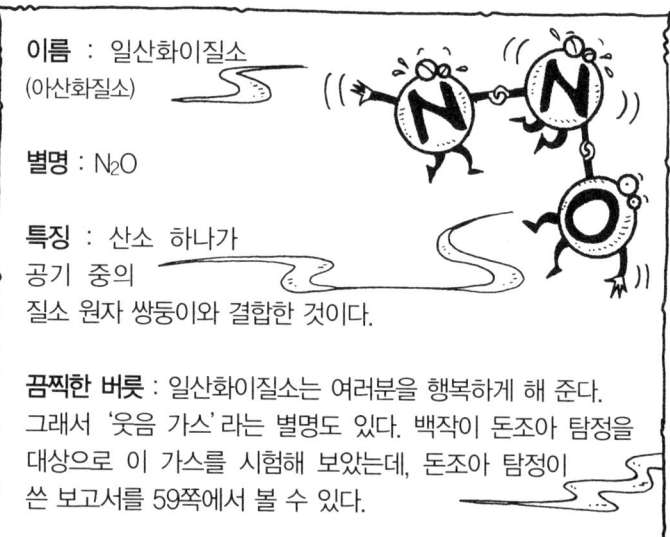

이름 : 일산화이질소
(아산화질소)

별명 : N_2O

특징 : 산소 하나가 공기 중의 질소 원자 쌍둥이와 결합한 것이다.

끔찍한 버릇 : 일산화이질소는 여러분을 행복하게 해 준다. 그래서 '웃음 가스'라는 별명도 있다. 백작이 돈조아 탐정을 대상으로 이 가스를 시험해 보았는데, 돈조아 탐정이 쓴 보고서를 59쪽에서 볼 수 있다.

뭐야? 하나도 즐겁지 않잖아!

자주 출몰하는 곳 : 자동차 배기 가스와 뇌우. 번개는 공기 중의 산소와 질소를 결합시켜 일산화이질소를 만드는 화학 반응을 촉진한다. 그렇다고 해서 번개가 번쩍이는 폭우 속을 뛰어다녀도 기분이 좋아지지는 않을 것이다. 그러다가 벼락이라도 맞는 날이면 얼굴에서 미소가 싹 사라질걸.

좋은 점 : 약간의 일산화이질소는 근육을 이완시키고 혈압을 낮추는 작용을 한다. 그래서 수술을 할 때에나 여자가 아기를 낳을 때 일산화이질소를 산소와 섞어 통증을 완화시키는 데 사용한다.

오, 축하해요! 여섯 쌍둥이가 태어났어요!

하하하! 오, 제발, 하하! 나 좀 하하! 웃게 만……
하하! 들지 마세요. 하하하!

웃음을 참지 못한 탐정

작성자 : 돈 조아 탐정

"그러니까 이 가스는 안전한 거죠?" 나는 확인차 다시 물었다. 내가 아무리 돈이 궁하기로서니 일을 하다가 허무하게 죽기라도 한다면, 그 동안 쌓아 온 내 명성이 와르르 무너질 것이 아닌가! 백작은 왠지 수상쩍어 보였다. "그것은 순전히 양에 달려 있소. 물론 어느 정도의 가스가 치명적인지 시험해 볼 수 있어요."

그것은 내가 얼마든지 거절할 수 있는 제안이었지만, 나는 그 일을 받아들였다. "그렇지만 아주 약간만 들이마시는 겁니다." 나는 재차 확인했다. 조금만 들이마시면 별 탈이 있겠나 싶었다. 그렇지만 그게 얼마나 어리석은 생각이었던지! 가스를 킁킁 들이마시자, 갑자기 주변의 풍경 색깔이 더 밝아졌고, 내 손가락 끝이 따끔거리더니 감각이 없어졌다. 그러고는 기분이 무척 좋아졌다. 내가 파스타 독살 사건의 범인인 토니 모차렐라를 붙잡은 이래 이처럼 기분이 좋은 적은 없었다. 나는 농담을 좋아하는 사람이 아니지만, 백작이 던지는 썰렁한 농담에도 실없이 마구 마구 웃음을 터뜨렸다.

나는 너무 웃다가 머리를 세게 부딪치고 말았지만, 조금도 아프지 않았다.

긴급 기자 회견!

썰렁한 농담에도 독자를 웃게 만들기 위해 〈앗, 이렇게 재미있는 과학이!〉 시리즈의 책들에 웃음 가스를 묻혀 놓았다는 근거 없는 소문이 나돌고 있는데, 이 자리를 빌려 전혀 사실이 아니란 점을 밝히고자 합니다! 그런 주장은 정말로 지나가는 개도 웃을 이야깁니다. 하하! 히히! 낄낄! 그렇지만 그런 목적으로 웃음 가스를 사용해 본 사람이 실제로 있었습니다.

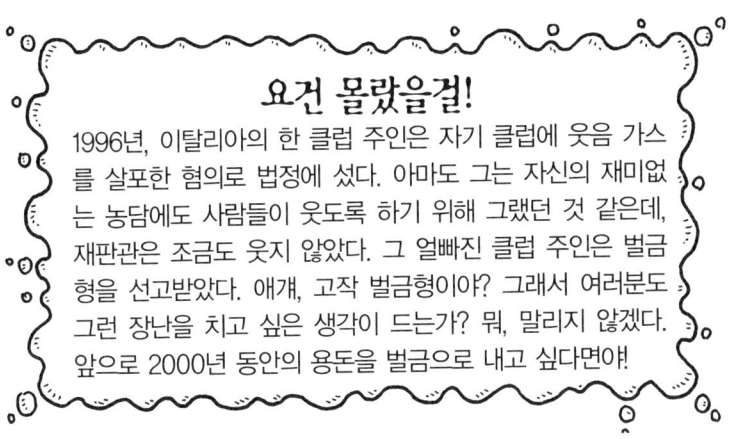

요건 몰랐을걸!
1996년, 이탈리아의 한 클럽 주인은 자기 클럽에 웃음 가스를 살포한 혐의로 법정에 섰다. 아마도 그는 자신의 재미없는 농담에도 사람들이 웃도록 하기 위해 그랬던 것 같은데, 재판관은 조금도 웃지 않았다. 그 얼빠진 클럽 주인은 벌금형을 선고받았다. 애걔, 고작 벌금형이야? 그래서 여러분도 그런 장난을 치고 싶은 생각이 드는가? 뭐, 말리지 않겠다. 앞으로 2000년 동안의 용돈을 벌금으로 내고 싶다면야!

공포의 독가스 무기

일산화이질소에 좋은 점도 있는데, 환자의 통증을 없애고 목숨을 구하는 데 도움을 줄 수 있다는 점이다. 그러나 어떤 과학자들은 정반대의 목적을 위해 독가스 무기를 개발하는 연구에 매달렸다.

독가스 무기가 얼마나 무시무시한지 한 예를 소개하겠다. 1985년, 프랑스 군인들은 코르시카 섬에서 독가스에 대처하는 훈련을 받고 있었다. 그들은 사전에 비행기가 독가스처럼 보이는 증기를 살포할 것이라는 이야기를 듣고 훈련에 참여했다. 이윽고 비행기가 머리 위로 지나가면서 빨간색 증기를 살포했다. 그런데 그것은 진짜 독가스처럼 보였다! 군인들은 고통스러워하며 땅에 쓰러져 뒹굴었다. 그러나 비행기가 뿌린 것은 독가스가 아니었다. 그냥 증기에다가 빨간색 염료를 섞은 것이었다.

그들은 아주 용감하고 튼튼한 군인이었다. 이들조차 독가스를 이렇게 무서워한다면, 여러분은 어떻겠는가?

끔찍한 독가스 베스트 5
5위 : 염소 가스

이 황록색 가스 구름은 폐에 염증을 일으킨다. 그러면 폐에 액체가 가득 차 희생자는 땅 위에서 익사한다. 제1차 세계대전 때인 1915년, 독일군이 프랑스군을 상대로 처음 사용했다. 나중에는 영국군도 독일군에게 염소 가스를 사용했다.

심사단의 판정 :

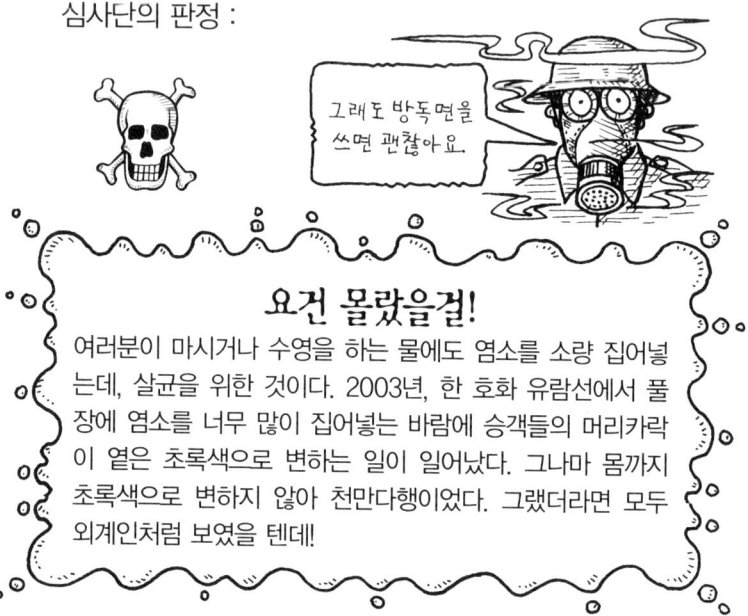

요건 몰랐을걸!

여러분이 마시거나 수영을 하는 물에도 염소를 소량 집어넣는데, 살균을 위한 것이다. 2003년, 한 호화 유람선에서 풀장에 염소를 너무 많이 집어넣는 바람에 승객들의 머리카락이 옅은 초록색으로 변하는 일이 일어났다. 그나마 몸까지 초록색으로 변하지 않아 천만다행이었다. 그랬더라면 모두 외계인처럼 보였을 텐데!

4위 : 머스터드 가스

제1차 세계대전 때 양측에서 모두 사용했다. 피부에 물집이 생기며 썩어 들어간다.

희생자는 잠깐 동안 눈이 멀고, 위와 폐에 큰 손상을 입는데, 그 후유증이 몇 년이나 계속된다.

심사단의 판정 :

정말로 끔찍하다. 방독면을 써야 하는 것은 물론이고, 이 독가스가 피부에도 닿지 않도록 해야 한다. 이 독가스는 뿌리고 나서 몇 주일이 지나도록 효과가 계속되고 해를 입힌다. 1917년 2월 13일, 한 무리의 병사들은 여덟 시간 동안 머스터드 가스 공격을 받았다. 다음 날, 그들의 지휘관이던 대위는 이렇게 말했다.

3위 : 시안화수소 가스

염소나 머스터드 가스보다 훨씬 치명적인 독가스이다. 온몸의 기운이 빠지고, 구토를 한다. 그러다가 숨을 제대로 쉬지 못해 죽게 된다. 이 모든 일이 일어나는 데에는 불과 몇 분밖에 걸리지 않는다. 쓴 아몬드 냄새가 난다는 말이 있으나, 대부분의 사람은 냄새조차 맡을 수 없다. 그런데 여러분이 원한다면, 백작이 공짜로 이 가스 냄새를 맡을 수 있는 기회를 제공하겠다고 한다. 오, 거기 새치기하지 마!

심사단의 판정 :

굉장히 위험한 살인 독가스이다. 비록 방독면이 여러분을 보호해 줄 수는 있지만, 필터를 자주 갈아야 한다. 다행히도, 이 독가스는 금방 바람에 날려 흩어진다.

2위 : BZ

아주 역겨운 독가스 무기. 정신 혼란과 설사를 일으키고, 창자와 입을 바싹 마르게 해 역겨운 입 냄새가 나게 한다. 12시간이 지나면 희생자는 실제로 있지도 않은 것이 눈에 보이고, 나무와 대화를 하기 시작한다.

심사단의 판정 :

정말 여러 가지로 악취를 풍기는 공포의 독가스이다.

1위 : 신경가스

27쪽에서 이야기했던 그 끔찍한 신경 독을 기억하는가? 신경 가스는 독가스 중에서도 가장 지독한 것이다. 얼마나 무서우냐 하면 피부에 몇 방울만 묻어도 목숨을 잃을 수 있다. 희생자는 두통과 구토가 나고, 화장실로 급히 달려가게 된다. 침을 계속 질질 흘리고, 숨을 쉬지 못하게 돼 죽는다.

심사단의 판정 :

여러분에게 기저귀를 차고 싶게 만드는 독가스라면 생각하기도 싫겠지? 신경 가스에 대해 몸을 보호하는 유일한 방법은 푹푹 찌는 두꺼운 보호복을 입는 것뿐이다. 그래도 그 끔찍한 신경 가스보다는 낫잖아?

> **요건 몰랐을걸!**
> 전쟁에서 화학 무기를 사용하는 것은 1925년부터 금지되었다. 오늘날 세계 각국의 지도자들과 과학자들은 이 끔찍한 무기를 완전히 폐기하려고 노력하고 있다.

물론 전쟁은 항상 사람에게서 가장 추악한 면을 끄집어내지만, 전쟁이 아니라도 가장 추악한 면을 드러내는 사람이 있다. 음, 호랑이 선생님이나 불량배, 도서관에서 여러분이 떠든다고 야단치는 어른들을 말하는 게 아니다. 적뿐만 아니라 친구 그리고 심지어는 애완동물까지 독살하는 사람들을 말하는 것이다!

사람을 미치게 하고 죽이는 금속

질문 : 반짝이고 차갑고 전기를 잘 전달하는 것은 뭐게?

만약 '개코'라고 대답했다면, a)여러분은 이 책을 계속 잘 읽는 게 필요하고, b)개코에 꽂은 플러그를 당장 뽑아라!

정답은 **'금속'** 이다.

여러분 집 안에도 금속으로 만든 물건이 많이 있을 것이다. 운이 좋다면, 여러분의 호주머니 안에도 금속으로 만든 동전이 절그럭거릴 것이다. 그런데 금속 원소의 종류가 60종이 넘는다는 사실을 알고 있는가? 그중에는 공기 중에서 불타는 세슘처럼 아주 특이한 성질을 지닌 것도 있다.

그런데 개중에는 여러분의 건강에 아주 위험한 것도 있다.

이러한 금속은 불쌍한 여러분의 몸에 아주 끔찍한 고통을 줄 수 있다. 금속 자체보다 더 무서운 것이 하나 있다면, 그것은 바로 그러한 금속을 커피 속에 집어넣는 사람들이다!

이 섬뜩한 금속들을 더욱 으스스하게 만드는 사실들이 있다.

독에 관한 X-파일

이름 : 독성 금속

기초 사실 : 1. 독성 금속은 효소(26쪽 참고) 같은 단백질에 들러붙는 아주 나쁜 버릇이 있다. 그렇게 되면 여러분을 살아가게 만드는 복잡한 화학 과정이 엉망이 될 수 있다.

2. 곧 알게 되겠지만, 독성 금속은 놀라울 정도로 주변에 흔하게 널려 있다. 여러분 집에서도 볼 수 있고, 심지어 여러분 몸속에도 들어 있다!

끔찍한 사실 : 1. 가장 위험한 금속은 베릴륨이다. 0.000002그램만 있어도 목숨을 앗아 갈 수 있다.

2. 1992년, 천문학자들은 우리 은하 속에 있는 나이가 많은 별 6개에서 베릴륨이 대량으로 존재하는 것을 발견했다.

베릴륨에 대해 어느 정도 알았으니, 다음 문제에 도전해 보라.

나도 과학자가 될 수 있을까?

여러분이 독일의 유명한 과학자 로베르트 분젠이라고 상상하라. 지금 베릴륨을 열심히 연구하고 있는데, 파리가 날아오더니 한 조각밖에 없던 그 베릴륨을 날름 삼켜 버렸다. 여러분은 어떻게 하겠는가?

a) 파리를 겨자 소스를 뿌린 햄 샌드위치에 집어넣고 먹어 버린다.

b) 파리를 죽인 다음, 그 시체를 녹이거나 태워 베릴륨을 되찾는다.

c) 파리를 애완동물로 키우면서 독성 금속이 파리에게 어떤 효과를 나타내는지 관찰한다.

답 : b) 파리는 베릴륨이 담겨 있기 때문에 단순히 죽였다. 파리를 녹일 때 금속을 얻지 않고서는 그 금속을 다시 회수할 수가 없다. 분젠은 이들을 모두 녹일 금속 돌을 미리 준비하여 놓았다.

명예의 전당 : 로베르트 분젠
(Robert Bunsen; 1811~1899)

국적 : 독일

교수였던 아버지는 어린 분젠에게 언어를 가르쳤지만, 분젠은 화학에 푹 빠졌다. 화학을 얼마나 좋아했던지 괴팅겐 대학, 파리 대학, 베를린 대학, 비엔나 대학 등 대학을 네 군데나 다니며 화학을 공부했다. 분젠이 큰 관심을 기울여 연구한 물질은 카코딜이었는데, 이것은 비소를 포함한 혼합물로 악취가 아주 심했다. 이 끔찍한 비소는 분젠의 목숨을 아주 위태롭게 만들었다. 게다가 살인 물질인 카코딜이 실험 도중 폭발하면서 시험관 유리 조각이 튀는 바람에 분젠은 한쪽 눈이 멀고 말았다(화학 실험이 얼마나 위험한지 알겠지?).

정신이 제대로 박힌 사람이라면 이쯤에서 화학은 포기하고, 차라리 화산 속으로 번지 점프를 하는 것과 같은 덜 위험한 일을 했을 것이다. 그러나 살짝 맛이 간 분젠은 그러지 않았다.

그는 연구를 계속해 새로운 원소를 두 가지 발견했는데, 그것은 바로 세슘과 루비듐이었다. 엉? 뭐라고 했지? 질문 잘 했다! 분젠 버너를 발명한 사람은 분젠이 아니다. 분젠 버너는 사실은 1855년에 그의 조수이던 페터 데사가가 발명했다. 그렇지만 분젠은 다른 과학자들이 그 아이디어를 공짜로 베끼는 것을 허락해 주었기 때문에, 분젠 버너를 널리 보급하는 데 기여한 것은 사실이다.

정신 나간 화학자가 대부분 그렇듯이 분젠도 뭘 잘 잊어 먹는 버릇이 있었다(이게 다 독 때문이 아닌가 의심된다). 파티 날짜를 잊기 일쑤여서 하루 늦게 와서는 맛있는 음식이 나오길 기다리곤 했다. 결국 친구들은 오직 분젠 한 사람만을 위해 하루 늦은 특별 파티까지 마련하는 관습을 만들었다. 친구들에겐 오히려 그 편이 나았을 것이다. 분젠의 몸에서는 온갖 역겨운 화학 물질 냄새가 솔솔 풍겼기 때문이다. 친구 아내이던 에밀 피셔는 이렇게 말했다.

그는 아주 매력적인 사람이었기 때문에, 먼저 몸을 씻긴 다음에 키스를 했어요.

종종 착각을 하는 어린이가 있어서 하는 말인데, 여러분이 몸에 역겨운 냄새를 솔솔 풍기며 학교에 하루 늦게 간다고 해서 위대한 과학자가 되는 것은 절대 아니다! 분젠은 정말로 대단한 천재였기 때문에, 좀 기괴한 행동을 하더라도 사람들이 봐 주었던 것이다.

자, 그러면 좀 더 무시무시한 금속을 알아보기로 하자. 그 전에 손에 장갑을 끼는 게 안전할 것이다.

무시무시한 독의 세계 관광
2. 생명을 위협하는 금속

이름 : 구리

별명 : Cu

특징 : 주황색 또는 분홍색을 띠고, 광택이 나는 아름다운 금속. 다른 금속과 마찬가지로 구리는 가열하면 금방 뜨거워지고, 전기를 아주 잘 전달한다.

끔찍한 버릇 : 구리가 몸속에 너무 많이 쌓이면 독이 된다.

자주 출몰하는 곳 : 수도관, 전기선, 냄비.

좋은 점 : 구리 원자는 일부 단백질과 효소를 만드는 데 도움을 준다. 그러니까 소량의 구리는 몸에 좋다!

정말로 무시무시한 금속 물질은 순수한 구리가 아니라, 황산구리이다. 황산구리를 물에 녹이면 괴기스러운 기운이 감도는 파란색 액체가 되는데, 과학 선생님들이 아주 좋아한다. 그렇다고 선생님 찻잔에 황산구리를 타진 말도록! 황산구리가 체내에 들어가면 경련을 일으키며, 10그램 이상을 삼킬 경우 사망할 수 있다. 그런데 고대 이집트인은 황산구리를 아픈 눈에 바르는 연고로 사용했다고 한다.

참 이쁘지!

괴상한 과학 선생님

이름 : 납

별명 : Pb

특징 : 무겁고 무른 회색 금속. 발등에 떨어뜨려 보면 이 금속의 정체를 금방 알 수 있다. 그렇지만 약한 불에 녹인 다음 이리저리 구부려 여러 가지 흥미로운 모양으로 만듦으로써 납에게 복수를 할 수 있다.

끔찍한 버릇 : 독성이 아주 강하다. 폐나 피부, 음식물을 통해 몸속으로 스며들 수 있다. 몸은 대변을 통해 납을 일부 배출하지만, 뼈와 이 등 여러 신체 기관 (납은 단백질에 들러붙는다.) 에 납이 축적될 수 있다.

납에 중독된 사람에게 나타나는 증상은……

자주 출몰하는 곳 : 전지, 납땜(무른 금속을 녹여 다른 금속들을 서로 들러붙게 하는 것), 머리카락 염색(그렇다, 선생님의 머리는 납으로 가득 차 있을지도 모른다). 납은 또 예전에 페인트, 지붕에 씌우는 빗물막이 철판 등에도 사용되었다. 한때는 엔진의 노킹 현상을 방지하기 위해 휘발유에 섞기도 했다. 그렇지만 지금은 많은 나라에서 납을 휘발유에 섞는 걸 금지하고 있다.

옛날에는 연필심으로 납을 썼다고 하지만, 지금은 사용하지 않는다. 웬만한 화학자라면 다 알고 있겠지만, 오늘날 연필심 재료로는 흑연을 사용한다. 그러니 과학 실험을 하다가 연필을 삼키더라도 생명에는 아무 지장이 없다.

좋은 점 : 납은 용도가 아주 많다. 서당에서 한문을 외며 선생님에게 매일 회초리를 맞던 옛날의 그 좋았던 시절과 달리 오늘날에는 납은 음식물에 일절 사용하지 못하게 돼 있다.

그럼, 잠시 광고 말씀 듣고 나서 다시 시작하자.

얼렁뚱땅백작이 직접 만든

획기적인 신제품

치명적인 납 제품

공짜 입원 치료 보장!

이 진짜 같은 이미테이션 골동품으로 고전적인 향수를 맛보세요!

1. 빅토리아 시대의 납 수도관 — 한밤중에 아주 시끄럽게 콸콸거리는 소리를 냅니다!
2. 로마 시대의 납 주전자 — 달콤한 포도주를 담아 두었다가 기분 좋게 취하면서 지겨운 세상을 떠날 수 있습니다.
3. 아기를 위한 납 인형. 납 성분이 든 페인트가 칠해져 있습니다.

긴급 사과 말씀!

독자 여러분, 또 한 번 사과드린다. 방금 백작이 세 가지 물건 중 하나는 가짜라고 털어놓았다. 가짜는 어느 것일까?

답 :
1. 진짜.
2. 진짜.
3. 가짜. 아무래도 아기가 아기에게 납을 빨도록 기다 대버려 두겠지만, 물 더 나아가 아기를 위한 납 인형은 절대로 만들지 않을 것이다. 아무리 그 인형 겉에 납 페인트로 사용했더라도 헨리의 납 인형이나 엄마의 납 장난감은 정말 멋진 물건이지 아이의 장난감으로 쓰려고 만든 건 아니다. 이 얼렁뚱땅백작이 이들을 적당한 문헌에서 빌려 왔다는 사실만 빼면 말이다.

선생님 골려 주기

준비물 :

잽싸게 도망가기 위한 경주용 신발

나이 많은 선생님

교무실 문을 쾅쾅 요란하게 두드려라(나이 많은 선생님은 대체로 귀가 어두우니까). 선생님이 문을 열고 얼굴을 내밀거든 이렇게 물어 보라.

만약 선생님이 "없다."고 대답하거든 이렇게 말하라.

a) "그렇지만 선생님 머리카락 염색약에는 납이 들어 있어요."

b) "선생님이 젊은 시절, 그러니까 로마 시대에 마신 포도주에도 납이 들어 있어요."

그러나 치명적인 납 중독도 다음에 소개하는 공포의 금속에 비하면 아무것도 아니다.

이름 : 탈륨
별명 : Tl
특징 : 청백색의 무른 금속.

끔찍한 버릇 : 다른 원소와 결합하면 독성을 나타낸다. 입과 창자, 피부를 통해 몸속으로 들어온다. 신경을 공격하며, 복통을 일으킨다. 몸은 오줌으로 독을 내보내려고 노력하지만, 이 독은 오줌으로 내보내기가 무척 어렵다.
피부가 너무 예민하게 변해 만질 수도 없으며, 탈륨에 중독된 사람은 웃지도 못하고, 얼굴 표정을 바꾸지도 못한다. 눈알을 마음대로 움직이지 못하며, 머리카락이 빠진다.

자주 출몰하는 곳 : 산업에 많이 사용됨.
좋은 점: 쥐를 퇴치하는 데 아주 좋다.

사람을 퇴치하는 데에도 효과 만점이라고!

요건 몰랐을걸!

1971년, 그레이엄 영이라는 사람은 탈륨으로 동료를 독살하려고 했다. 그는 이 방법으로 두 사람을 살해했지만, 과학자들이 그 사건을 조사하고 나서자 모든 사실을 털어놓았다. 영은 독에 대해 많은 것을 알고 있었고, 과학자들에게 자신이 탈륨을 사용한 걸 알았느냐고 묻기까지 했다. 옛말에도 있듯이 섣부른 지식은 위험하다. 뭐 그렇다고 해서 여러분이 이 책을 읽지 말아야 한다는 뜻은 아니다.

이름 : 수은

별명 : Hg

특징 : 실온에서 액체 상태인 은회색 금속. 대부분의 물질과 마찬가지로, 수은은 온도가 높아지면 부피가 늘어난다. 그래서 온도계 안에 든 수은은 따뜻해지면 올라가고, 추워지면 내려간다. 수은이 꽁꽁 얼어붙을 정도로 추워지면, 여러분은 침대 속으로 기어 들어가 이 책을 부둥켜안는 게 좋다.

끔찍한 버릇 : 체내에 축적되어 뇌와 신장에 손상을 입힌다. 심하게 중독되면 정신이 이상해지고, 소변을 누지 못하게 된다. 또 피부가 노래지고, 잇몸이 검게 변하고, 이가 빠진다.

멋져!

엉엉! 잇몸이 새카맣게 변했어. 죽을 건가 봐.

자주 출몰하는 곳 : 온도계와 공업 화학 물질.

좋은 점 : 소변을 누지 못한다면, 영화를 보는 중간에 화장실에 가지 않아도 된다.

그렇지만 다음 공포 영화는 너무나도 무서워 누구라도 화장실로 달려가고 싶을걸!

바로 다음 장에 그 오싹한 이야기가 나온다.

준금속의 침공

왜 이 장이 화성인 침공을 연상시키는 무시무시한 분위기로 시작되는지 궁금하지? 그 전에 먼저 준금속이란 무엇이며, 어떤 무서운 성질을 지니고 있는지 살펴보자.

독에 관한 진상 조사 X-파일

이름 : 준금속

기초 사실 : 1. 준금속은 이름 그대로 금속이기도 하고 비금속이기도 하다. 아니, 금속도 아니고, 비금속도 아니다.
2. 헷갈리는가? 좀 더 자세히 말하면, 준금속은 광택이 나고, 전기와 열을 잘 통하는 등 금속의 성질을 일부 지니고 있지만, 비금속의 성질도 지니고 있다.

끔찍한 사실 : 1. 이 장에 등장하는 준금속은 독성 금속과 마찬가지로, 난폭한 불청객처럼 우리 몸에 침입한다. 그러고는 단백질과 효소에 들러붙어 그 기능을 방해한다.
2. 그러니 사악한 살인자들이 준금속에 손을 대지 않았을 리가 없다.

자, 신 나게 놀아 보자고!

얼렁뚱땅 백작은 친절하게도 준금속의 효과를 보여 주기 위해 돈조아 탐정에게 그것을 시험하기로 했다.

다시 생각해 보니, 차라리 무시무시한 독의 세계 관광에 나시는 게 낫겠다.

무시무시한 독의 세계 관광
3. 수수께끼의 준금속

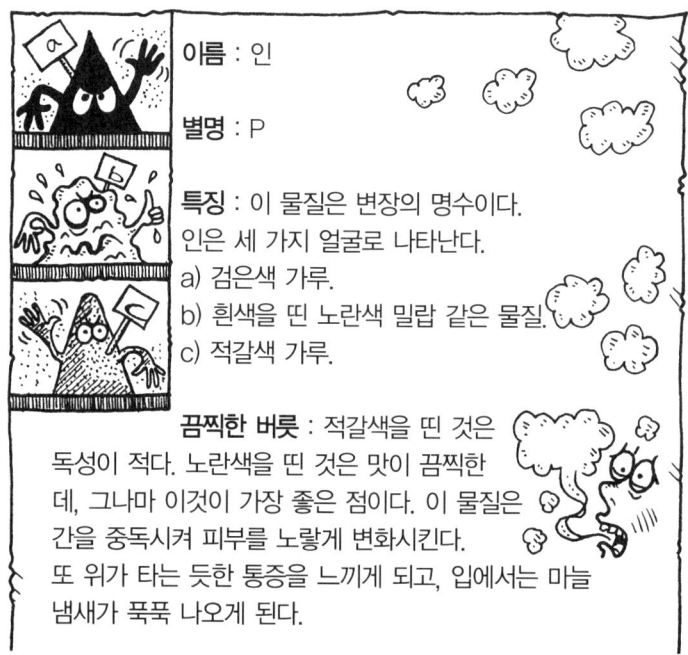

이름 : 인

별명 : P

특징 : 이 물질은 변장의 명수이다. 인은 세 가지 얼굴로 나타난다.
a) 검은색 가루.
b) 흰색을 띤 노란색 밀랍 같은 물질.
c) 적갈색 가루.

끔찍한 버릇 : 적갈색을 띤 것은 독성이 적다. 노란색을 띤 것은 맛이 끔찍한데, 그나마 이것이 가장 좋은 점이다. 이 물질은 간을 중독시켜 피부를 노랗게 변화시킨다. 또 위가 타는 듯한 통증을 느끼게 되고, 입에서는 마늘 냄새가 푹푹 나오게 된다.

자주 출몰하는 곳 : 비료. 성냥과 쥐약에도 쓰였다.

좋은 점 : 건강을 위해서는 인이 필요하다. 다른 원소와 결합하면 몸에 아무런 해를 입히지 않는다. 무엇보다도 인은 뼈를 만드는 데 사용된다. 그렇다고 순수한 인을 마구 집어먹었다간 여러분의 몸은 뼈만 남게 될 것이다.

왜 햄스터는 내버려 두고 나만 미워하는 거야? 잉!

이름 : 안티몬

별명 : Sb

특징 : 반짝이는 광택이 멋지다. 그렇지만 은은 아니니 호주머니에 슬쩍 집어넣을 생각은 하지 마라. 안티몬은 쉽게 부서지며, 게다가 독이란 걸 잊지 마라!

끔찍한 버릇 : 안티몬은 몸속에 축적되다가 어느 날 갑자기 사람을 죽게 한다. 백작은 안티몬에 중독된 사람은 구토가 나고 콧물을 줄줄 흘리는 증상이 나타난다고 말한다. 마치 심한 독감과 식중독이 겹친 것 같은 증상이 나타난다. 거기다가 덤으로 심한 설사까지 하게 된다.

자주 출몰하는 곳 : 산업에 널리 사용되며, 일부 에나멜과 페인트에도 쓰인다.

좋은 점 : 안티몬에 중독되면 학교에 가지 않아도 된다. 영원히 못 갈지도 모르지만…….

어, 다시 생각해 보니 학교에 가는 게 낫겠어요!

좌불안석!

그럼, 다시 짬깐 광고를 보고 나서 가장 무시무시한 준금속을 소개하기로 하자.

얼렁뚱땅백작이 직접 만든 획기적인 신제품

여러분도 얼마든지 머리가 좋아질 수 있습니다!

학교 성적이 기대만큼 안 나와 고민하시나요? 과학 때문에 고민하시나요? 이제 그런 고민은 다 날려 버리세요. 그저 인으로 만든 이 알약 한 알만 먹으면 됩니다.
프랑스 최고의 의사 알퐁스 르로이가 발명한 것이죠. 어둠 속에서 괴기스러운 빛을 내는 이 알약이 여러분의 머리도 환하게 밝혀 줄 것입니다!

이전 / 이후

주의 사항
구토, 심한 입 냄새, 이가 빠지는 등의 부작용이 있습니다. 또 오줌이 마려운 증상도 나타납니다. 그렇지만 사는 게 다 그런 게 아니겠어요?(아니, 죽는 거였나?)

자, 그럼 약속대로 가장 무시무시한 준금속을 살짝 맛볼 때가 왔다. 아, 됐다니까요, 얼렁뚱땅 백작! 난 맛보고 싶지 않다니까!

이름 : 비소

별명 : As

특징 : 회백색 물질로, 씹는다면 쉽게 바삭바삭 씹힐 것이다. 그렇지만 비소를 씹으려는 얼빠진 사람은 없겠지?

끔찍한 버릇 : 먼저 좋은 소식부터! 순수한 비소는 아무 문제도 일으키지 않고 그대로 창자를 통해 변기로 직행한다. 그렇지만 나쁜 소식은 순수한 형태로 존재하는 법이 없다는 점! 예를 들면, 비소는 공기 중의 산소와 결합한다. 그리고 기체의 형태로 입이나 피부를 통해, 또는 우리가 숨쉬는 공기를 통해 몸속으로 침입할 수 있다.

자주 출몰하는 곳 : 없는 곳이 없다! 흙 속에도 바다에도, 심지어는 여러분의 몸속에도 우글거리고 있다. 소량일 경우에는 아무 문제가 없으나, 양이 많으면 치명적인 결과를 초래한다.

좋은 점 : 비소가 없다면, 여러분은 그 좋아하는 컴퓨터 게임도 할 수 없다. 컴퓨터의 반도체에 비소가 들어가기 때문이다.

비소의 효과는 복잡하고 고통스러운 것이기 때문에, 우리는 의학 전문가인 내멋대로 박사에게 자문을 구했다. 그런데 조심하라! 지금 내멋대로 박사는 매우 심술이 나 있다. 생각해 보니 박사가 심술이 나지 않은 때가 있었던가?

비소의 효과

내멋대로 박사 씀

비소는 참 흥미로운 독이다. 아주 흥미로운 여러 가지 방법으로 인체에 영향을 미치기 때문이다. 불행하게도 나는 비소 중독 사례를 많이 보지 못했다. 만약 비소에 중독된 사람 중 남는 인체 부품이 있다면, 그것을 구해 내 개인 의학 박물관에 진열할 수 있을 텐데!

소량의 비소를 흡수했을 때

비소는 피부 밑을 지나가는 혈관을 확장시켜 피부에 광채가 나게 한다. 그런데 빅토리아 시대에 살던 일부 얼간이들은 이 독을 강장제라고 마시고, 일부 멍청한 의사는 그렇게 하라고 권하기까지 했다는 사실을 알고 있는가? 비소가 몸속에 쌓이면, 머리카락과 손톱, 발톱이 빠지고, 간 손상으로 인해 피부가 노랗게 변한다.

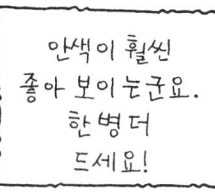

안색이 훨씬 좋아 보이는군요. 한 병 더 드세요!

멍청이 의사   얼간이 환자

그 밖의 증상으로는 쇠약, 구토, 설사, 얼굴 부어오름, 어지럼증, 눈과 코와 입의 통증 등이 나타난다. 중독 환자에게는 고통스러운 증상이 너무나도 많이 나타나 안 그래도 과로에 지친 나 같은 의사를 몇 시간이고 피곤하게 만든다!

다량의 비소를 흡수했을 때

비소를 많이 삼킨 환자는 구토와 설사를 하고, 심한 복통을 앓다가 한 시간 안에 죽는다. 나는 대개 이러한 환자를 맨 먼저 봐 준다. 때로는 아주 힘든 결정을 내려야 한다. 전혀 중독되지 않은 한 얼간이 환자가 50초 안에 죽을 것 같다고 호들갑을 피우기에, 난 "잠깐 앉으세요. 1분 뒤에 봐 드릴 테니까."라고 말했다. 하하! 그런데 나는 지금 여기서 이렇게 시시덕거릴 시간이 없다. 많은 얼간이 환자들이 줄을 서서 기다리기 때문이다!

이제 여러분은 집에 한 트럭분의 비소를 쌓아 놓고 사느니 차라리 성질 고약한 하마와 사는 게 낫다고 생각하겠지? 그러나 빅토리아 시대 사람들은 비소의 위험성을 전혀 알지 못했다. 그럼, 빅토리아 시대에 살던 전형적인 가정에 비소가 얼마나 많이 쌓여 있는지 들여다보기로 하자.

아직도 속이 메슥거리는가? 손가락에 비소가 묻지 않았을까 걱정되거든 절대로 손가락을 빨지 마라! 차라리 빅토리아 시대의 최고급 비소 비누로 씻는 건 어때?

비소 살인 사건

비소는 맛도 냄새도 없을뿐더러 가게에서 쉽게 살 수 있었기 때문에, 빅토리아 시대의 살인범은 비소를 중요한 살인 도구로 사용했다. 비소를 이용한 살인극은 대개 다음과 같은 뻔한 시나리오로 흘러갔다.

어떤 사람이 죽는다. 그리고 살인자가 그의 재산과 덤으로 거액의 보험금까지 차지한다. 누군가 의심을 품는다. 그리고 시체를 파내 검사한 결과, 시체에서 비소가 발견된다. 살인자는 체포되어 재판을 받고 처형당하는 것으로 이야기는 끝난다.

그런데 이런 판에 박힌 시나리오와는 완전히 딴판으로 흘러간 살인 사건이 있었다. 무엇보다도, 그것은 살인 사건이 전혀 아니었을 가능성이 있고, 또 고소인이 유령이었다. 얼렁뚱땅 백작의 서재에서 발견된 이 섬뜩한 이야기를 들으면 아무리 간 큰 사람도 오싹해질 것이다.

1850년, 런던의 세인트존 교회.

그레이브스는 관 뚜껑의 먼지를 훅 불고 나서 관에 새겨진 이름을 살펴보았다. "그 여자의 관이 맞는 것 같아, 아처 군." 그는 젊은 화가를 부르면서 이렇게 말했다.

아처는 옆에 있는 관에 앉아 거대한 석관과 거기에 붙어 있는 거미줄과 옛 문자를 그리고 있었다. 그 옆에는 그레이브스의 어린 아들인 조가 앉아 있었다.

"아저씨, 책에 넣으려고 그림을 그리는 거예요?"

조가 부들부들 떨면서 물었다. 겨울 밤 공기가 무덤 속만큼이나 싸늘했다.

"그렇단다. 기묘한 이야기들을 모은 책에 늘어갈 그림이지. 그러니까 패니 켄트라는 여자에 관한 그림이지."

"그래, 그긴 정말로 기묘한 이야기야."

그레이브스가 손을 비비면서 말했다.

"선생님은 그 여자를 아신다고 했죠?"

아처가 얼굴을 돌리지도 않은 채 물었다.

"그럼, 물론이지. 난 모든 걸 알고 있어. 원한다면, 오래된 그 이야기를 해 주지."

아처가 고개를 끄덕이자, 그레이브스는 자리를 잡고 앉아 이야기를 시작했다.

"내가 태어나기 50년쯤 전이었지. 윌리엄 켄트와 그 아내인 패니는 리처드 파슨스라는 사람의 집에 와서 묵었단다. 그런데 그날 밤 내내 유령이 문과 벽을 두드리고 긁어 대는 소리가 들려 왔어."

"정말 무서웠겠군요."

아처가 말했다.

"그랬겠지. 아무도 한잠도 못 잤으니까. 불쌍한 패니는 그것이 자신의 죽음을 알리는 징조라고 말했어."

"왜 그런 생각을 했는데요, 아빠?" 조가 물었다.

"그건 나도 모른단다. 아마 불길한 예감이 들었던 거겠지."

"그런데 그 유령은 누구였나요?" 아처가 물었다.

"음, 그건 수수께끼야. 어떤 사람은 패니에게 남편이 독살할 걸 알려 주려고 온 패니의 동생이라고 주장했지. 패니가 죽으면 남편에게 100파운드가 돌아가도록 유언장이 작성돼 있었거든. 유령을 직접 본 사람들도 있었어. 그들은 그 여자 유령이 너무나도 환히 빛나서 그 불빛으로 시계를 볼 수 있을 정도였다고 말했어. 얼마 후, 켄트 부부는 그 집을 떠났고, 패니는 자기 예언대로 죽었어. 켄트는 패니가 천연두 때문에 죽었다고 말했지만, 유령은 파슨스에게 패니가 비소 때문에 죽었다고 말했다는 거야."

"유령이 어떻게 그렇게 말할 수 있죠? 유령은 그저 시끄러운 소리만 내는 걸로 알고 있는데."

아처가 미간을 찌푸리면서 말했다.

"파슨스가 유령과 대화할 수 있는 암호를 만들어 낸 거지. '똑' 하고 한 번 두드리는 소리는 '예'이고, '똑똑' 하고 두 번 두드리는 소리는 '아니오'란 뜻이지. 그러자 얼마 후, 유령에 관한 소문이 도시 전체에 파다하게 퍼지게 되었고, 사람들이 유령의 소리를 들으러 파슨스의 집을 찾아왔지. 그러자 시장은 전문가들에게 사건의 진상을 밝혀 달라고 요청하게 되었어."

"그래서 진상을 밝혀냈나요?" 아처가 물었다.

"그들은 파슨스의 어린 딸이 그 근처에 없을 때에는 유령이 소리를 내지 않는다는 사실을 알아냈지. 또 사람들이 딸을 가까이서 지켜보고 있을 때에도 소리가 나지 않았어. 전문가들이

도착하기 며칠 전에 유령은 패니의 관을 두들기겠다고 말했지. 그래서 전문가들은 관 앞으로 가 '패니 켄트, 그 안에 있나요?'라고 소리를 질렀어. 그러나 아무런 일도 일어나지 않았어."

그때, 어둠 속에서 뭔가 쾅 하고 부딪치는 소리가 났다. 조는 소스라치게 놀랐다.

"놀랄 깃 없다, 아들아. 쥐가 낸 소리야." 그레이브스는 다소 당황한 목소리로 이렇게 말했다.

"이렇게 낡은 교회에는 항상 쥐가 들끓는다니까!"

아처가 김이 서린 한숨을 내쉬면서 말했다.

"그러니까 그 딸이 유령 소리를 낸 거군요?"

"전문가들은 아무것도 증명하지 못했어."

"그럼 비소 이야기도 누군가 지어낸 건가요?"

"켄트는 그렇게 말했지. 하기야 그는 그렇게 말할 수밖에 없겠지만."

그때, 저 멀리서 자정을 알리는 교회 종소리가 들려왔다.

"너무 늦었어요." 아처가 말했다.

그레이브스가 목소리를 가다듬으며 말했다.

"다시 한 번 말하지만, 정말로 그녀를 끄집어내길 원하는 건가? 죽은 지 아주 오래되었기 때문에 독자들이 심하게 썩은 시체를 별로 보고 싶어 하지 않을 텐데?"

"그래도 확인해 보아야겠어요."

아처가 단호한 목소리로 말했다.

"정 그렇다면 좋네. 여기 오래 앉아 있었더니 무릎이 다 시리군."

그레이브스는 작업복 호주머니를 뒤지더니 스크루드라이버를 꺼냈다. 그것으로 녹슨 자물쇠를 조심조심 풀고는 무거운 관 뚜껑을 열었다. 그러고는 관 속으로 손을 집어넣더니 죽은 여인의 얼굴을 덮고 있던 먼지 덮인 천을 벗겼다.

"오, 이럴 수가!" 그레이브스는 깜짝 놀라 외쳤다.

아처는 침을 꼴깍 삼켰다. 조는 천천히 눈을 떴다.

패니는 아름다운 얼굴에 평온한 표정을 짓고 누워 있었다. 눈은 감겨 있었고, 얼굴에는 천연두로 인한 곰보 자국이 전혀 없었다.

"마치 잠든 것 같아요." 조가 속삭였다.

"이렇게 살아 있는 듯한 송장은 나도 처음 보네." 그레이브스가 중얼거렸다.

아처는 여인의 얼굴을 자세히 살펴보고 나서 입을 열었다.

"시체가 이렇게 온전히 보존되었다면, 답은 하나밖에 없군요."

"비소에 중독된 거지, 그렇지?" 그레이브스가 나직한 목소리로 물었다.

조는 그렇다면 유령이 진실을 말했다는 이야기가 아닌가 하는 생각이 들었다. 갑자기 등골이 오싹해졌는데, 이번에는 추위 때문이 아니었다.

비소에 얽힌 이런저런 소문

1. 비소는 시체를 부패시키는 세균을 죽임으로써 시체를 온전히 보존한다는 소문이 있다. 그러나 일부 전문가는 세균의 활동을 막는 것은 건조한 기후 탓이 더 크다고 생각한다.

2. 일본의 승려들은 비소를 사용해 자신의 몸을 미라로 만들었던 것으로 보인다. 그것도 아직 살아 있을 때! 뭐라고? 여러분도 과학을 위해서 못된 동생을 미라로 만들어 보고 싶다고? 음, 말리지 않는다고 나보고 뭐라고 하진 마라.

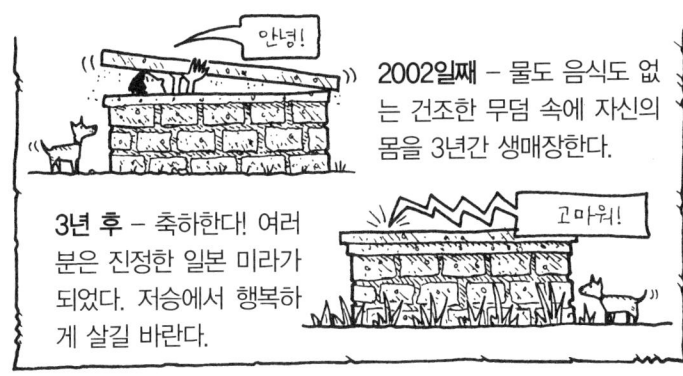

긴급 사과 말씀!

일본 미라 조립 세트를 주문한 독자들에게 사과드립니다. 경찰이 들이닥쳐 물건을 모두 압수해 가 버렸습니다. 일본에서는 1895년부터 사람의 몸을 미라로 만드는 것을 불법으로 규정하고 있습니다. 그러한 행위는 아주 중대한 범죄로 간주되고 있습니다.

여러분이야 어떨지 모르겠지만, 나는 먹는 이야기가 나오니 군침이 돈다. 아, 물론 비소나 솔잎이 먹고 싶어서 그런 것은 아니다. 나는 맛있고 바삭바삭한 샐러드가 먹고 싶다.

오, 이런! 다음 장을 살짝 들여다보았더니 입맛이 싹 가셨다!

끔찍한 독을 가진 식물

여러분도 이런 이야기 자주 듣지?

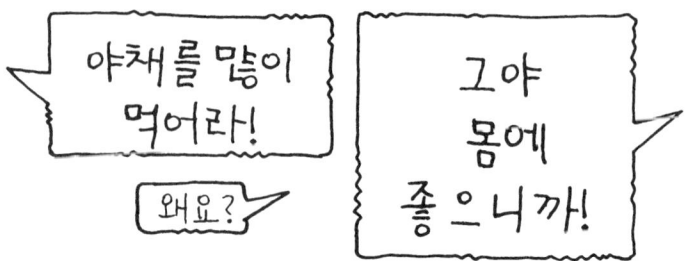

그러나 이 장에 나오는 식물들은 몸에 아주 나쁜 것이어서 만약 그걸 먹었다간 여러분은 손가락만 초록색으로 변하는 게 아니라, 온몸이 푸르죽죽하게 변할 것이다. 이쯤에서 미리 경고를 해 두어야지.

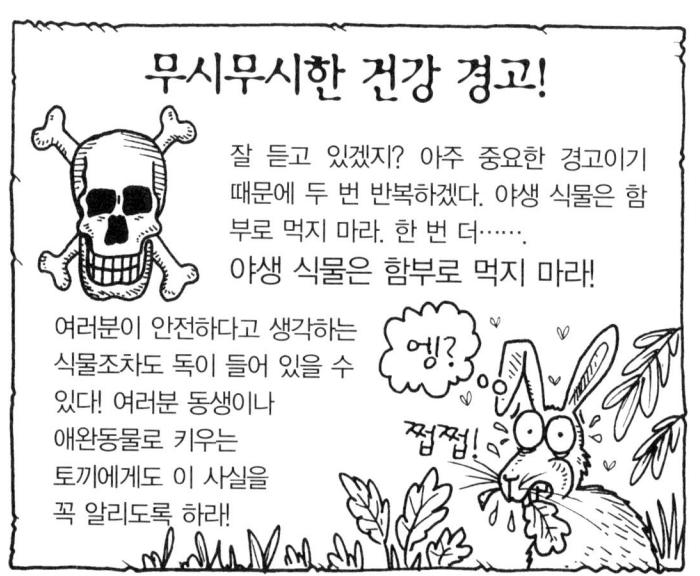

그러면 독이 있는 식물에 관해 여러분이 알아야 할 모든 것을 10초 안에 알려 주겠다. 단, 여러분이 다음 두 페이지를 아주 빨리 읽을 수 있다면……

위험! 독을 가진 식물에 관해 꼭 알아 두어야 할 사실

1. 독을 가진 식물은 수백 종이 넘는다. 그중에는 평소에 여러분이 먹는 식물도 있다!

2. 식물이 독을 가지고 있는 것은 벌레나 동물이 자기 몸을 샐러드처럼 씹어 먹지 못하도록 하기 위해서이다.

3. 그런데도 우리가 아직 살아 있는 것은 요리 과정에서 독을 없애 해가 없는 상태로 만들기 때문이다.

4. 일부 식물의 독은 벌레에게는 치명적이지만, 사람에게는 별다른 해가 없다. 예를 들면 마늘은 민달팽이와 달팽이의 몸에서 점액을 짜내 미라로 만들어 버린다. 여러분이 콧물을 질질 흘리다가 피라미드 안에 누워 있는 사람처럼 변하는 걸 상상해 보라.

5. 독이 있는 식물이 유용하게 쓰일 때도 있다. 1640년, 존 파킨슨이라는 식물 전문가는 독이 있는 쑥즙 성분이 포함된 잉크로 인쇄한 책은 생쥐가 쏠지 않는다는 사실을 발견했다. 이 책은 유독한 잉크로 인쇄되었을 가능성이 거의 없지만, 그래도 그 사실을 알아보기 위해 애완견에게 이 책을 씹어 보게 하지는 말도록.

6. 일부 식물의 독은 의약품으로 사용된다.

- 디기탈리스라는 물질은 심장 박동을 빠르게 하기 때문에 심장약으로 쓰인다. 이 독성 물질은 디기탈리스라는 식물에서 처음 발견되었다.
- 쿠라레는 남아메리카에 서식하는 식물인 스트리크노스에서 추출한 물질이다. 쿠라레는 근육으로 가는 신호를 차단하는 신경 독이다. 그러면 근육이 움직이지 못하여 이완하게 되는데, 수술을 하는 의사들이 환자의 몸을 꼼짝 못하게 할 때 사용한다.
- 아트로핀은 까마중이라는 식물에서 추출한 물질이다. 쿠라레와 마찬가지로 신경 신호를 차단해 근육을 이완시킨다.

7. 일부 식물은 치명적은 아니지만 매우 자극성이 강하다. 그런 식물을 만지면 몸에 발진이 생긴다! 먹었다간 입 안이 얼얼

해지는데, 만지는 것보다 훨씬 어리석은 짓이다.

요건 몰랐을걸!

남아메리카와 중앙아메리카에 서식하는 디펜바키아 카밀라를 먹으면 말을 할 수 없게 된다. 잎에 있는 독은 입에 심한 자극을 일으키기 때문에 몇 시간 동안 말을 할 수 없다. 설마 이 독을 맛보고 싶어 하는 어리석은 독자는 없겠지?

자극적인 식물에 관한 깜짝 퀴즈

다음 식물 중에서 자극성이 강한 것은 어떤 것일까?

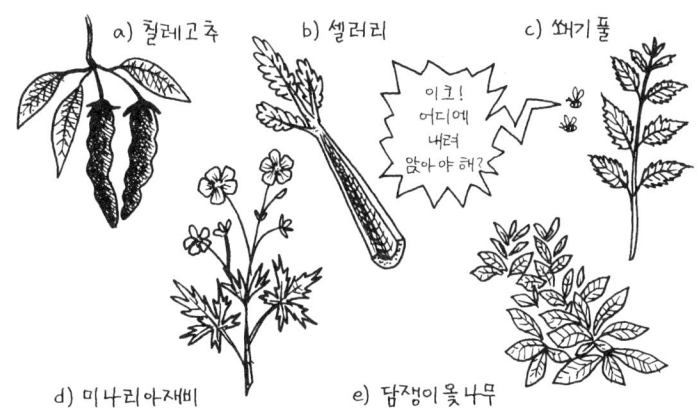

a) 칠레고추   b) 셀러리   c) 쐐기풀
d) 미나리아재비   e) 담쟁이옻나무

답 :

독자 여러분, 사과 말씀 드린다. 이 문제는 함정 문제였다. 보기에 든 식물 모두가 자극성이 강하다! 그러니 원한다면 언제든지 선생님을 상대로 시험해 봐도 좋다!

a) 매운 칠레고추는 입 안을 얼얼하게 만든다. 몇 개만 먹으면 여러분의 얼굴은 새빨갛게 변하고, 눈도 빨갛게 충혈될 것이다. 그런데 미국 위스콘신 주에서는 매년 칠레고추 먹기 대회가 열리는데, 여기에 참가하는 괴상한 사람들이 많이 있다.

b) 셀러리 줄기의 즙은 햇빛을 받으면 피부를 예민하게 만든다.

c) 쐐기풀은 누구나 쉽게 알아맞혔겠지? 그런데 쐐기풀 중 한가운데 있는 것은 여러분의 살을 덜 찌른다는 사실을 알고 있는가? 가운데 있는 것은 나이가 더 많아 독이 강하지 않다. 그렇다고 해서 이 사실을 확인하기 위해 쐐기풀 한가운데로 뛰어들지는 마라.

d) 아름다운 노란색 미나리아재비가 독성이 더 강하다. 그 즙은 피부를 얼얼하게 만든다.

e) 무시무시한 비밀을 하나 더 가르쳐 주겠다. 이 끈적끈적한 기름 같은 독은 피부에 들러붙는다. 옷에 묻은 독이 피부로 옮을 수도 있으며, 재가 되어 연기와 함께 이동할 수도 있다. 담쟁이옻나무에 닿은 개를 만져도 발진이 생긴다고 한다. 마침 백작이 돈조아 탐정과 웟슨을 대상으로 이 주장이 옳은지 시험해 보겠다고 한다.

음, 돈조아 탐정의 몸 상태가 별로 좋아 보이지 않는군. 웟슨은 털가죽이 어느 정도 독을 막아 주는 것 같다.

그래도 이 귀찮은 식물들은 사람을 죽이지는 않는다. 그러나 아리송 양이 만든 피자는 사람을 죽일 수 있다.

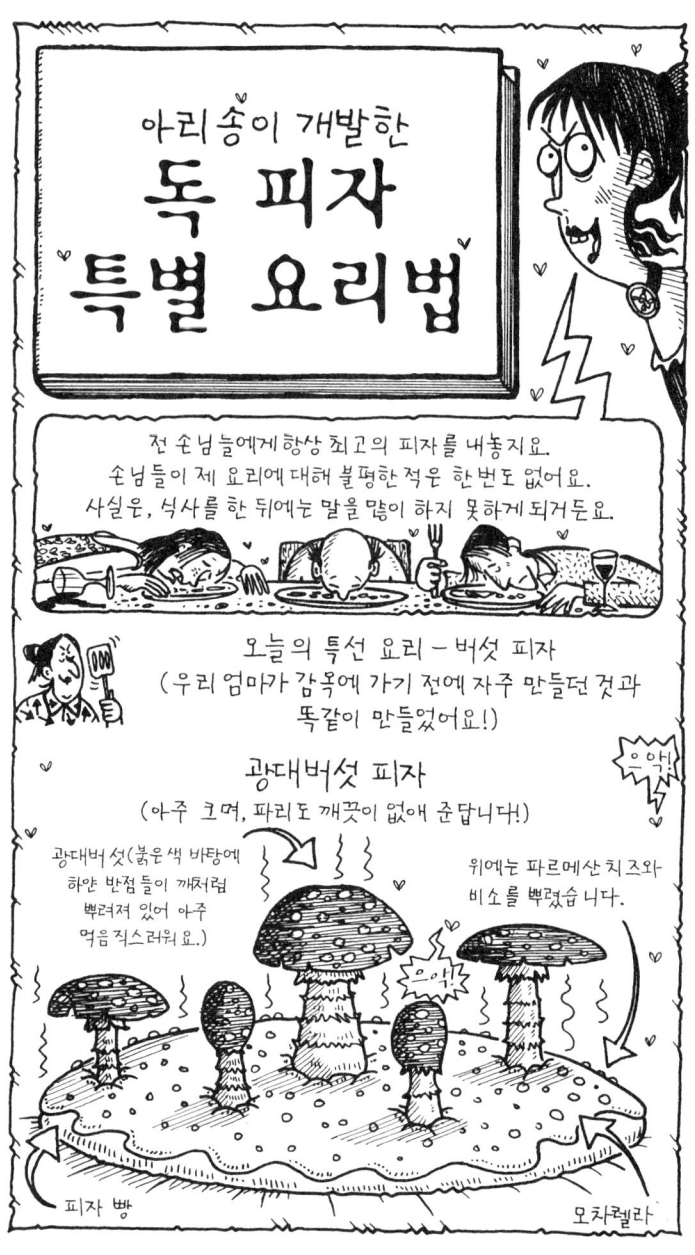

* 102쪽 참고

학교 매점에서 파는 피자는 이 독피자만큼 치명적이지 않아야 할 텐데! 그런데 학교 매점은 선생님을 고문하기에 아주 좋은 장소이다(물론 이 모든 것은 교육을 위한 것이다).

점심시간에 선생님 골려 주기

선생님이 먹음직스러운 샐러드와 구운 감자를 먹고 있으면, 얼굴에 미소를 짓고 다가가 이렇게 말하라.

그러면 선생님의 얼굴색이 잘 익은 토마토처럼 변할 것이다(그렇지만 이것은 중독 증상은 아니다). 과연 여러분은 다음 설명까지 해 줄 용기가 있을까?

> 정말이에요. 감자에서 돋아난 싹과 초록색 부분에는 독이 들어 있어요. 감자 잎도 마찬가지고요. 토마토의 잎과 줄기에도 독이 있어요. 이 식물들에서 독이 있는 부분을 먹으면 설사나 호흡 곤란이 일어날 수 있어요.

빨간 것은 위험 신호?

1820년, 많은 미국 사람들은 빨갛게 익은 토마토는 나머지 부분과 마찬가지로 독이 들어 있다고 믿었다. 그러나 로버트

존슨 대령은 생각이 달랐다.

그렇다, 우리는 바로 이런 세상에서 살고 있다. 정원은 살벌한 장소이고, 버섯은 우리의 목숨을 위협하고, 샐러드도 안심할 수 없다. 그러나 가장 끔찍한 식물들의 독은 아직 소개하지도 않았다. 그러한 식물들의 독은 바로……

여러분의 샐러드에 절대로 들어가서는 안 될 일곱 가지 식물

1. 피마자 씨. 피마자 씨를 먹으면 여러분은 곧장 배를 움켜쥐고 화장실로 달려가기 될 것이다. 피마자 씨에 들어 있는 독인 리신은 코브라 독보다 두 배나 강하다. 입 안에 화상을 입고 물집이 생기며, 창자에 출혈이 일어나고, 신장을 다치게 된다.

2. 스트리크노스 씨. 스트리크노스에는 독인 쿠라레 외에 스트리크닌이 들어 있다. 스트리크닌은 신경을 공격하여 신호가 신경을 지나간 뒤 스위치가 꺼지는 것을 방해한다. 그 결과, 근육이 미친 듯이 경련을 일으킨다. 중독된 사람은 대개 활짝 웃는 모습으로 죽는다. 물론 행복하게 죽어서 그런 것이 아니라, 근육이 정신없이 씰룩거린 결과로 그렇게 된 것이다.

3. 사리풀과 **까마중**에는 스코폴라민

성분이 들어 있다. 이것 역시 끔찍한 신경 독인데, 스트리크닌과는 반대로 신경과 근육 사이에서 신경 신호를 차단한다. 그래서 교통 신호등이 꺼졌을 때, 교차로에서 발생하는 교통 혼잡과 같은 일이 일어난다. 즉, 몸의 기능이 제대로 돌아가지 않게 된다.

4. 맨드레이크(지중해 지방에서 나는 가짓과 식물)에도 스코폴라민이 들어 있다. 사람 모양으로 생긴 이 식물 뿌리는 뽑을 때 비명을 지르는데, 그 비명을 들은 사람은 모두 죽는다는 소문이 있었다. 그래서 로마 시대 사람들은 개를 훈련시켜 그 뿌리를 파내게 했다고 한다.

5. 대황에는 옥살산이 들어 있다. 옥살산은 염색에 사용되며, 얼룩이나 녹을 지우는 데에도 사용된다. 뭐, 그렇다고 대황을 무서워할 건 없다. 독은 잎 속에만 들어 있으니까.

6. 살구 씨. 살구는 아무 문제가 없지만, 그 씨에는 시안화물의 일종인 청산칼리나트륨이라는 치명적인 신경 독이 들어 있다. 시안화물에 관한 섬뜩한 이야기는 조금 있다 자세히 할 것이다(여러분이 그것을 읽을 용기가 있다면!).

7. 아코니트. 바곳이라고도 부르는 이 식물은 아름다운 하얀 꽃이 피는데, 그 독의 효과는 전혀 아름답지 않다. 피부가 따끔

거리고 얼얼한 증상이 나타나면서 심하면 심장마비에 이르게 된다.

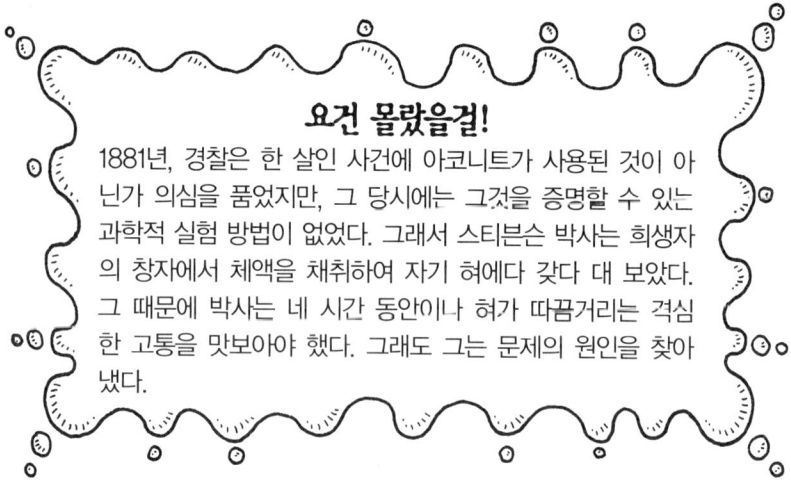

요건 몰랐을걸!

1881년, 경찰은 한 살인 사건에 아코니트가 사용된 것이 아닌가 의심을 품었지만, 그 당시에는 그것을 증명할 수 있는 과학적 실험 방법이 없었다. 그래서 스티븐슨 박사는 희생자의 창자에서 체액을 채취하여 자기 혀에다 갖다 대 보았다. 그 때문에 박사는 네 시간 동안이나 혀가 따끔거리는 격심한 고통을 맛보아야 했다. 그래도 그는 문제의 원인을 찾아 냈다.

독에 관한 X-파일

이름 : 시안화물

기초 사실 : 1. 64쪽에 나온 그 끔찍한 시안화수소 가스 기억나는가? 시안기(CN-)는 탄소 원자와 질소 원자가 결합한 것으로, 많은 문제를 일으킨다.
2. 시안화 이온은 나트륨, 수소, 칼륨 등 많은 원자와 들러붙어 독성 물질을 만든다. 특히 칼륨과 들러붙으면, 그 유명한 독약인 청산칼리가 된다.
3. 시안화물이 몸속에 들어오면 효소와 들러붙는다. 특히 에너지를 만들기 위해 산소를 사용하는 데 필요한 효소에 잘 들러붙는다.
4. 따라서 시안화물의 효과는 몸이 숨을 제대로 쉬지 못하는 것으로 나타난다. 몸에 힘이 없어지고, 얼굴이 파랗게 변하고, 심장이 멎게 된다.

끔찍한 사실 : 1. 공포에 질리지 말길 바란다. 시안화물은 살구 씨뿐만 아니라, 사과와 자두 씨에도 들어 있다.
2. 공포에 질리지 말라고 했지? 과일 샐러드는 먹어도 안전하니까 불안해하지 마라.

실수로 씨를 삼키더라도 그것은 아무 일 없이 여러분의 창자를 통과할 것이다. 그렇지만 살구 씨를 먹으면 구토와 호흡 곤란이 나타날 수 있다.

아프리카에서는 카사바라는 식물 뿌리를 먹는데, 그 뿌리에는 시안화물이 들어 있다. 카사바는 브라질이 원산지인데, 브라질 원주민은 뿌리에 침을 뱉어 썩게 내버려 둠으로써 안전하게 만든 다음에 먹는다. 침에 섞인 세균이 독의 작용을 억제하는 효소를 만들어 낸다. 그렇다고 학교 급식에 침을 뱉어서 먹지는 말도록!

아프리카 사람들은 카사바를 연못 속에서 썩도록 내버려 둠으로써 독을 없앤다. 냄새 고약한 연못에서 곰팡이가 슨 식물을 먹는 건 아무래도 기분이 좋지 않겠지만, 그래도 독을 먹는 것보다는 낫지 않겠는가!

그런데 독이 든 식물을 안전하게 먹을 수 있는 동물은 인간뿐만이 아니다. 어떤 동물들은 실제로 독이 든 음식을 즐긴다! 염소는 독이 든 까마중을 즐겁게 뜯어먹으며, 콜로라도감자잎벌레는 늘 까마중을 갉아먹는다. 어떤 동물은 독을 먹고 그것을 몸속에 저장함으로써 독성을 지니기까지 한다. 모나크나비 유충은 밀크위드라는 독풀을 갉아먹는다. 그 독은 유충의 몸에 축적되어 나중에 모나크나비는 독을 품은 동물이 된다. 그래서 다른 동물은 감히 모나크나비를 건드릴 생각도 못 한다.

과학자들은 일부 동물이 어떻게 독을 먹고도 살아남을 수 있는지 그 정확한 이유를 모른다. 그렇지만 한 가지만큼은 분명하다. 독을 품은 동물은 모나크나비뿐만이 아니라는 사실! 실제로 다음 장에는 그런 동물들이 득시글거리고 있다.

무서운 독을 가진 동물

어린 여동생에게 '동물'이라는 단어를 이야기하면, 아마도 이런 반응을 보일 것이나.

아마도 귀여운 고양이나 사랑스러운 강아지를 떠올렸겠지. 그렇지만 이 장에 나오는 동물들을 보여 준다면, 여동생은 기겁을 할 것이다.

독을 지닌 동물은 수백 종이 넘는다. 식물과 마찬가지로 동물도 자기 몸을 보호하기 위해 독을 사용하지만, 독거미나 독사처럼 다른 동물을 잡아먹기 위해 독을 사용하는 동물도 있다. 자, 그럼 얼렁뚱땅 백작의 개인 동물원을 구경하러 가기로 하자. 백작의 말에 따르면, 방문객들은 늘 자기 동물들을 보고 싶어 죽으려고 한다나! 아니, 본 다음에 죽으려고 한다고 했던가?

독에 관한 오싹한 퀴즈

자, 다음 동물 중 독을 품고 있는 것과 그렇지 않은 것을 가려내 보라.

답 :
a) ○ (113쪽 참고)
b) ○ (118쪽 참고)
c) ✕ 이렇게 기쁠 수가! 이제 여러분은 지렁이 스파게티를 마음대로 먹어도 된다!
d) ○ (121쪽 참고)
e) ○ (126쪽 참고)
f) ✕ 백작의 고양이가 어항 속에 든 금붕어를 노리는 것은 이 때문이다.
g) ○ (125쪽 참고)
h) ✕ 비단구렁이는 먹이를 몸으로 친친 감아 졸라서 죽인다.
i) ○ 포유류(포유류란 여러분이 기르는 고양이처럼 몸이 털로 덮이고, 따뜻한 피가 흐르는 동물을 말한다.) 중에서 독을 지닌 동물은 아주 드문데, 수컷 오리너구리는 독을 품고 있다. 뒷다리에 독이 있는 발톱이 달려 있는데, 독을 어디에 사용하는지는 확실치 않다.
j) ✕ 그러나 일부 과학자는 좀비가 실제로 존재하며, 독살되었다고 생각한다. 그 섬뜩한 진실은 잠시 후에 다시 살펴보기로 하자.

해파리의 공포

 얼렁뚱땅 백작의 동물원에 있는 동물 중 가장 위험한 것은 상자해파리이다. 그러니 10월에서 5월 사이에는 오스트레일리아 북쪽 해안에서는 절대로 수영을 하지 말도록! 1미터나 되는 긴 촉수에 붙어 있는 바늘들이 작은 작살처럼 여러분의 살을 찌르고, 거기서 독을 뿜어 낸다.

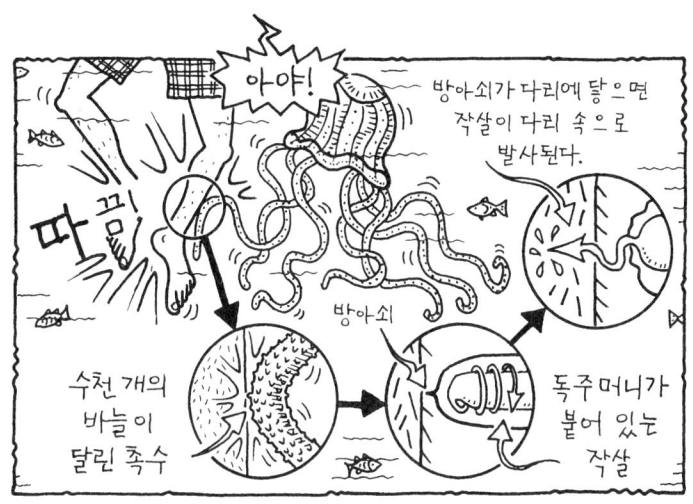

이 무서운 독이 몸속에 들어오면 2분 만에 죽을 수 있으며, 여러분의 다리는 흐물흐물한 해파리처럼 변하고 말 것이다.

1990년에 존 캐리어라는 남자가 상자해파리에게 쏘였다. 그는 쏘이고 나자 마치 불구덩이 속을 걸어가는 듯한 느낌이 들었다고 한다. 통증이 너무나도 심해 많은 사람들은 헤엄을 치지 못하고 익사한다. 마침 옆을 지나가던 피터 밀러라는 사람이 캐리어의 비명을 들었는데, 그는 이렇게 말했다.

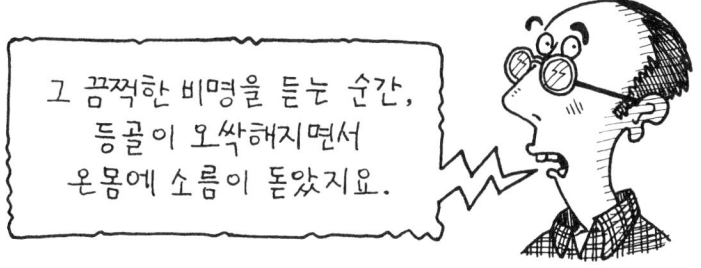

그렇지만 캐리어는 운이 좋았다. 금방 죽을 정도로 심하게 쏘이지는 않았기 때문에, 곧바로 달려온 구조대원이 해독 물질을 주사해 그의 목숨을 구했다. 해독 물질이 무엇이었냐고? 식초였다.

이번에는 좀 더 섬뜩한 질문을 던져 보겠다. 해파리에게 쏘이는 것보다 훨씬 고통스러운 것은 무엇일까? 정답은 해파리와 물고기에게 동시에 쏘이는 것! 자세한 내막을 알아보기 위해 얼렁뚱땅 백작의 수족관을 들여다보자. 거기에는 금붕어 뻐끔이를 심장마비에 걸리게 힐 민한 깃들이 있다.

물고기에 관한 섬뜩한 사실

어류는 모두 약 3만 종이 있으나, 그중 독을 지닌 것은 약 250종뿐이다. 얼렁뚱땅 백작은 특히 쑥치를 좋아한다. 쑥치의 몸에는 독가시가 돋아 있어 다른 물고기들은 감히 쑥치를 잡아먹을 생각을 하지 못한다. 지나가던 물고기가 실수로 몸이 부딪치더라도, 쑥치는 인정 사정 없이 독가시로 푹 찌른다. 이런 일은 자주 일어난다. 왜 그런지 궁금한가? 쑥치가 돌처럼 생겼기 때문이다!(그래서 쑥치를 영어로 stonefish, 곧 돌고기라 부른다. 그건 그렇고, 만약 여러분이 쑥치를 밟는다면, 고통을 못 이겨 입에 거품을 뽀글뽀글 물면서 옆에 있는 아무나 물어뜯으려고 할 것이다.

독 때문에 다리는 코끼리 다리만큼이나 퉁퉁 부어오르고, 발가락은 검게 변해 떨어져 나간다. 그러니 바다에서 걸을 때에는 조심하라!)

나도 과학자가 될 수 있을까?

여러분이 2007년에 영국 해양 수족관에서 일하고 있다고 하자. 그런데 거북복 도티가 흥분하여 독을 마구 뿜어 대고 있다. 여러분은 도티를 어떻게 진정시키겠는가?

a) 마음을 안정시키는 음악을 틀어 준다.

b) 갖고 놀게 커다란 주사위를 준다(거북복을 영어로 dicefish, 곧 주사위고기라고도 부르니까).

c) 전기 충격을 가해 진정시킨다.

답: 답은 c)지라. 대단했더니, 미리 정답을 밝힐까 하는데 용서하시라. 물론 c)라고 답하기 쉬운 이유는 대개가 사형수에게 쓰이니까. 아픔 정도는 이렇게 해야 진정이 되지 않을까 싶어서. p) 답은 아하하, 주사위를 아이들이 좋아하는 거 아는가? 주사위를 사람들이 예뻐해서 사랑이 무엇인지 알려 줄 수도 있겠군. 하지만 주사위 소리 때문에 거북복이 더 성질날 수도 있다. 그러니 모두 틀린 답이지 뭐.

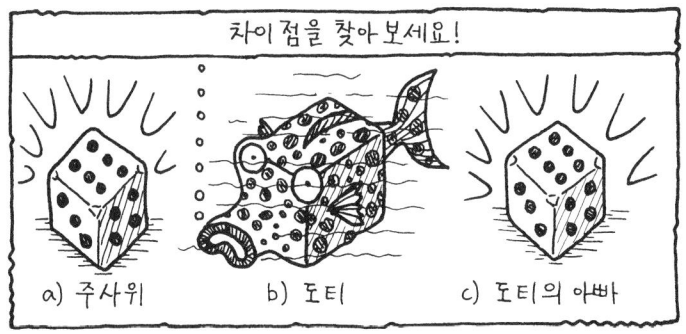

복어의 위험

복어는 독가시는 없지만, 몸의 일부에 무서운 독이 있으며, 그 독성은 청산칼리보다 275배나 강하다. 중독되었을 때 나타나는 첫 번째 증상은 따끔거리는 통증이다. 그 다음에는 감각이 없어지면서 몸이 마비되고 숨을 쉴 수 없게 된다. 게다가, 해독제도 없다! 그런데도 일본 사람들은 이 무시무시한 생선을 즐겨 먹는다. 물론 독이 없는 부위만 골라서 먹는다지만, 이늘은 정말로 아슬아슬한 식사를 즐기는 사람들이다(쳇, 매일 학교 급식을 먹는우리는 어떻고? 학교 급식이야말로 얼마나 아슬아슬한데!).

우리에게는 위험한 복어를 몰래 맛보고 돌아올 비밀 요원이 필요하다. 이 위험한 일을 할 사람으로는 돈조아 탐정 말고 또 누가 있겠는가?

끔찍한 독이 있다는 복어에 관한 보고서

작성자 : 돈조아 탐정

그래서 나는 이 일을 하기로 했다. 물론 중독의 위험이 있지만, 아주 위험한 것은 아니다. 복어 전문 요리사는 독이 있는 부위를 정확하게 제거하도록 3년 동안이나 고도의 훈련을 받기 때문에, 안심하고 내 목숨을 맡겨도 될 것이다. 나는 오히려 생선을 날로 먹는 게 더 걱정이다. 일본 사람들은 날로 생선을 먹는 걸 좋아한다. 차라리 따끈한 개고기가 낫지!

그래서 나는 식당에 앉아 복어 요리가 나오길 기다렸다.

그러면서 이것저것 생각을 하기 시작했는데, 차라리 하지 말걸 하고 후회했다. 나는 집에서 복어에 대해 자세히 조사를 했는데, 독이 있는 복어 고기 10g만 먹어도 죽는다는 사실을 알았다. 그리고 마침내 바로 그 공포의 복어와 맞닥뜨리게 되었다. 아, 이게 마지막 만찬이 될 것인가? 윗슨이 킁킁 냄새를 맡아 보더니, 금방 고개를 돌렸다. 그렇지만 원래 윗슨은 생선을 별로 좋아하지 않는다. 나는 고기를 아주 조금만 떼어 조심조심 씹어 보았다. 뭐 그 정도면 충분하다고 생각했다. 입 안 가득히 비린내가 물씬 풍겼다. 식은땀이 흘렀다. 혹시 죽는 것은 아닐까?

속이 메슥거렸다. 이것은 바로 중독 증상이 아닌가! 세상에 이렇게도 불운한 탐정이 있을까? 온갖 조직 범죄단과 맞서면서도 살아남았던 천하의 돈조아 탐정이 한갓 죽은 물고기에게 목숨을 잃다니!

나는 어서 이곳에서 나가야겠다는 생각에 문 밖으로 뛰어 나갔다. 마침 운 좋게도 거리에 큰 구멍이 하나 나 있었다. 일본의 전통 요법을 시험해 볼 수 있는 기회! 그것은 차가운 흙 속에 목만 내놓고 몸을 파묻는 것이다.

그러나 이 요법은 아무 효과가 없었다. 그때, 식당 종업원이 나와 뭐라고 소리를 질렀다. 잘 들어 보니, 실수로 복어가 아니라 고양이에게 줄 정어리가 나왔다며 정말 죄송하다고 하는 게 아닌가!

세상에!

더 섬뜩한 바다 생물

오스트레일리아 해변에서 수영을 즐기고 있다면, 조심해야 할 것은 단지 해파리뿐만이 아니다. 그에 못지않게 무서운 동물이 또 있다!

표범문어는 귀여워 보일지 모르지만, 물리면 생각이 달라질 것이다! 게다가 표범문어는 끔찍한 독까지 내뱉는다.

애완동물로 키우고 싶은 생각에 집으로 데려왔다간 평생 후

회하고 살게 되겠지만, 후회는 길지 않을 것이다. 어차피 오래 살지 못할 테니까…….

표범문어에게 물려도 그다지 큰 이상을 느끼지는 못한다. 처음에는 물린 곳도 별로 아프지 않다. 그러나 표범문어의 침에는 무서운 신경독이 들어 있어, 얼마 후 여러분은 눈이 멀고, 토하고, 근육이 생각대로 움직이지 않을 것이다. 그러다가 세 시간 안에 죽게 된다.

또 다음 동물 이야기를 들으면, 아마 앞으로는 해산물 샐러드에는 손이 가지 않을걸.

나도 과학자가 될 수 있을까?

1950년대에 미국의 CIA는 아주 난처한 입장에 놓였다. 실수로 11만 명의 목숨을 앗아 갈 수 있는 양의 독극물을 잃어버리고 만 것이다.

1. 그런데 흥미로운 사실은, 그 독성 물질을 맛있는 해산물에서 얻었다는 점이다. 과연 그 해산물은 무엇일까?

 a) 가시발새우
 b) 불가사리
 c) 대합조개

2. 그 독극물은 어디에서 발견되었을까?
a) 구내 식당에서 제공하던 해산물 수프에서
b) 변기에서
c) 냉장고에서

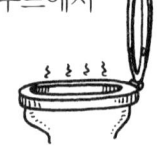

3. 발견된 독은 어떻게 처리했을까?
a) 석국 지도자의 차에다가 몰래 집어넣었다.
b) 재수 없는 햄스터 11만 마리에게 먹였다.
c) 과학자들에게 공짜로 제공했다.

답:

1. c) 그렇다, 대형조개에서 채취한 것이다. 시애 인근 등등 탄 한 부잣집 대형조개 수백 마리를 잡았다. 한 마리에서 잡은 등 수 있는 독의 양이 아주 치기 때문에, 대형조개로 아주 많이 필요했다.

2. c) 이 독극물은 1970년대에 미 해군 잠수함 한 낮짜고에 서 발견되었다. 당연히 그 속에 잠수함 비밀이었으므로, 해당 그 사람에게 대해 꼰 입을 다물었다.

3. c) 이 독극물은 곧 사람에게 동화되었고, 그 사 람들 그 과학자들에게 공짜로 나눠 주어 버렸다. 정말로 마음씨 곱은 그 과학자들은 뜻밖의 실험에 사용했다. 그리고 과학자들이 그것을 유출해 버린 룸에 지금 사람이 살고 있는 룸에 장이 나서 그 독을 발견할 수 없다.

음, 아무리 생각해도 그냥 육지에서 사는 게 안전할 것 같다. 그런데 그것도 아닌가?

난폭한 벌과 사악한 말벌

　매년 전 세계에서 난폭한 벌과 사악한 말벌에 쏘여 죽는 사람은 4만여 명이나 된다. 대개는 벌이나 말벌에게 쏘여도 목숨이 위험한 일은 없지만, 벌에 쏘이는 사람 중에 그 독에 알레르기 반응을 보이는 사람이 있다. 그러면 그 충격으로 심장마비를 일으켜 목숨을 잃게 된다.

　말벌과 달리 벌은 침을 쏘고 나면 죽는다. 침은 작은 작살처럼 갈고리 모양이어서 살에 박히면 쉽게 빠지지 않는다. 그래서 벌도 날아가려고 애쓰다가 자기 몸의 절반이 떨어져 나가게 된다.

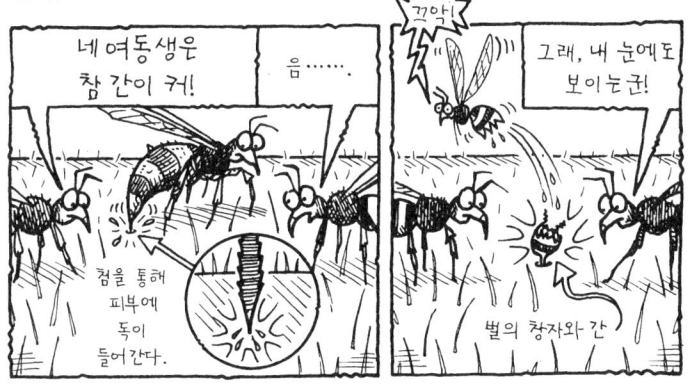

　그렇다면 벌은 침을 쏘기 전에 신중하게 생각해야 할 것 같다. 실제로 대부분은 신중한 행동을 보이지만, 다 그런 것은 아니다. 아프리카꿀벌은 먼저 쏘고 나서 나중에 묻는다. 아니, 말이 잘못되었다. 침을 쏘고 나면 죽으니 물을 시간이 없겠군.

벌에 관한 오싹한 사실

1. 1964년, 짐바브웨에 살던 한 소년은 벌에게 2243군데나

쏘였다. 소년은 강물 속으로 뛰어들어 피하려 했지만, 인정사정없는 벌들은 소년의 머리가 까맣게 변하고 축구공처럼 팅팅 부어오를 때까지 쏘아 댔다. 놀랍게도 소년은 살아남았다.

2. 한 과학자는 아프리카꿀벌이 얼마나 위험한지 알아보기로 했다. 그는 벌집 앞에서 공을 던지면서 벌들이 공을 얼마나 많이 쏘는지 조사하려고 했다. 그러나 성질 고약한 벌들은 그 어리석은 과학자를 공격했다. 과학자는 불과 몇 초 사이에 92군데나 쏘였고, 800미터나 달아났다. 불행하게도, 그가 달리는 시간을 아무도 재지 않았다. 틀림없이 세계 신기록이었을 텐데!

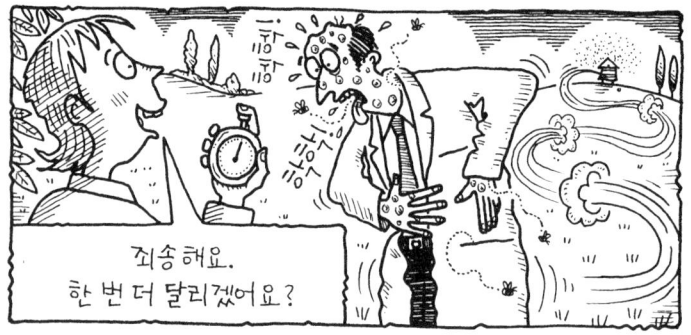

3. 1957년, 남아메리카의 한 과학자는 좋은 아이디어가 떠올랐다. 성질 나쁜 아프리카꿀벌과 성질 좋은 유럽꿀벌을 교배시키면 어떨까? 그러면 열대 지방에서도 잘 사는 성질 좋은 꿀벌이 나오지 않을까? 그러나 그 결과로 탄생한 것은…… 살인 벌이었다! 이 살인 벌은 브라질 밖으로 퍼져 나갔고, 이제 미국으로 퍼져 나가고 있다.

살인 벌은 벌집 근처에 다가오는 것은 무엇이나 공격하며, 사람이 사는 집에 벌집을 만드는 걸 무엇보다 좋아한다. 게다가, 여러분과 함께 이사하는 것도 좋아한다.

요건 몰랐을걸!

벌침보다 훨씬 고통스러운 독을 가진 곤충이 하나 있다. 그것은 바로 유럽청가뢰이다. 유럽청가뢰는 에스파냐와 프랑스에 살고 있는 초록색 딱정벌레이다. 이 딱정벌레의 체액은 피부에 물집이 생기게 하고, 삼키면 속에 화상을 입게 된다. 유럽청가뢰의 체액을 삼켰던 한 사람은 색깔이 다채로운 구토물을 게워 냈다.

징그러운 벌레들을 좀 더 사귀고 싶다고? 음, 용감해서 마음에 든다. 그렇지만 그 벌레들은 여러분하고 친해지고 싶은 생각이 전혀 없다는데?

정말로 징그러운 벌레들

얼렁뚱땅 백작은 지네, 전갈, 거미를 아주 좋아한다. 그의 동물원에는 이러한 벌레들이 사는 특별한 방들이 있는데, 그는 이들을 '친절한 작은 조수들'이라 부른다. 그렇지만 나는 이들이 백작을 위해 어떤 일을 하는지 생각하고 싶지 않다. 어쨌든, 백작은 자신이 쓴 독극물에 관한 비밀의 책을 살짝 보여 주겠다고 약속했다.

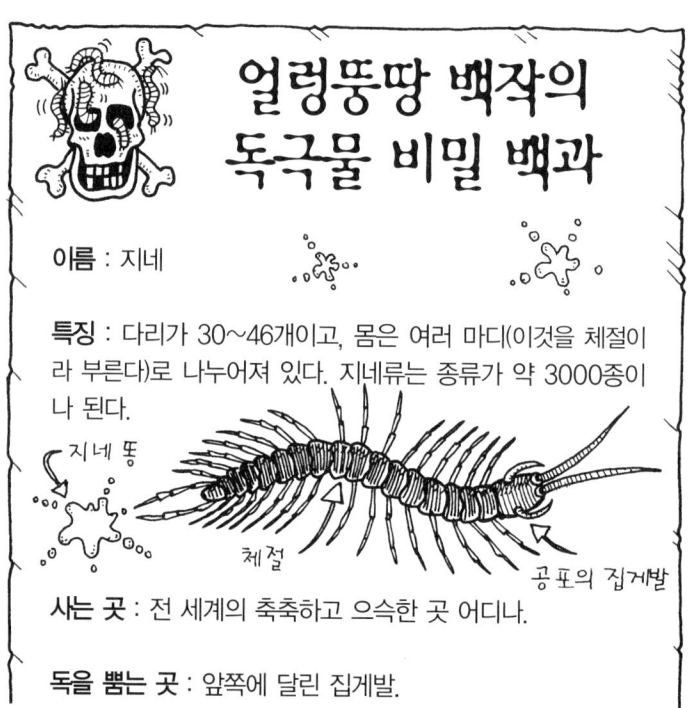

독의 효과 : 노래기를 죽이지만, 사람에게 해를 입히는 종류는 극히 일부에 지나지 않는다. 필리핀에 사는 한 종은 그 독의 통증이 3주일이나 계속될 수 있다!

중독 가능성 : 지네는 사람의 위 속에서 몇 시간 동안 살 수 있다. 그 독은 구토와 호흡 곤란을 일으킨다. 음, 그런데 과연 치즈와 지네 샌드위치를 먹고 싶어 할 사람이 있을까?

이름 : 전갈

특징 : 강한 집게발과 8개의 다리가 달려 있음. 전갈류의 종류는 650여 종이 있음.

사는 곳 : 더운 나라.

독을 뿜는 곳 : 꼬리 끝에 있는 독침.

독의 효과 : 작은 동물은 즉사한다. 불행하게도, 대부분의 전갈은 사람에게 위험하지 않다. 가장 위험한 종은 멕시코와 미국 애리조나 주에 사는 센트루로이드전갈로, 이 전갈의 침에 찔린 사람 100명 중 한 명이 목숨을 잃는다. 그 결과, 일 년에 약 1만 5000명이 목숨을 잃는다.

중독 가능성 : 전갈은 신발과 침대에 숨어 지내길 좋아한다. 그렇다면 손님 침대에 몇 마리 넣어 놓아야지!

이름 : 거미

특징 : 다리가 8개, 눈도 8개, 몸은 머리가슴과 배의 두 부분으로 나누어져 있다. 거미류는 종류가 최소한 3만 2000종이 넘으며, 아직 발견되지 않은 종도 수만 종이나 있는 것으로 보인다. 몸 길이는 0.5mm에서 9cm까지 다양하다. 애완동물로 키우기에도 좋다!

사는 곳 : 전 세계 모든 곳. 물론 거기에는 여러분의 침대도 포함된다.

독을 뿜는 곳 : 무서운 독니.

독의 효과 : 먹이가 도망가지 못하게 몸을 마비시킨다. 그렇게 산 채로 마비시켜 놓고 생각날 때마다 뜯어먹는다. 사람에게 위험한 거미는 미국의 검은독거미와 브라질의 바나나거미, 오스트레일리아의 깔때기그물거미를 비롯해 극소수에 지나지 않는다. 불행하게도, 대부분의 거미는 사람의 살을 찢을 만큼 무는 힘이 세지 않으며, 그런 힘이 있는 타란툴라 같은 거미는 독이 강하지 않다. 이런, 이런! 실망스럽기 그지없군!

중독 가능성 : 검은독거미는 종종 변기 밑에 숨어 있고, 바나나거미는 집 안을 스멀스멀 돌아다닌다. 뭔가 섬뜩한 느낌이 들지 않는가?

화장실에 숨어 있는 검은독거미

어때, 검은독거미에게 한번 물려 보고 싶은 생각이 들지 않는가? 생각하기도 싫다고? 그러나 1933년에 캐나다의 앨런 블레어라는 과학자는 실제로 실험을 위해 스스로 검은독거미에게 물려 보았다고 한다!

그렇지만 거미의 입장에서 본 이야기를 한번 들어 보자.

요건 몰랐을걸!

1. 미국 남부에서 타란툴라라고 부르는 거미는 진짜 타란툴라가 아니라, 새잡이타란툴라라는 다른 종류이다.
2. 사람들은 한때 타란툴라에게 물리면 목숨이 위험하며, 해독 방법은 위스키를 많이 마시는 것이라고 생각했다. 그러나 과학자들은 이 방법은 아무 효과가 없다고 말한다.
3. 타란툴라에게 물리면 매우 아프긴 하지만 생명에는 아무 지장이 없다. 그러니 타란툴라는 전혀 무서워할 필요가 없다. 정작 무서워해야 할 것은 새끼거미들이다.

자, 이제 '독에 관한 오싹한 이야기'를 들려줄 때가 왔다. 밤에 잠자리에서 동생에게 이 이야기를 들려주면, 무서워서 옷에 오줌을 지릴 것이다. 손전등만 켠 채 이야기를 해 주면 효과 만점이고, 결정적인 순간에 소매 속에서 장난감 거미를 획 끄집어내면 동생은 입에 거품을 물 것이다! 하하!

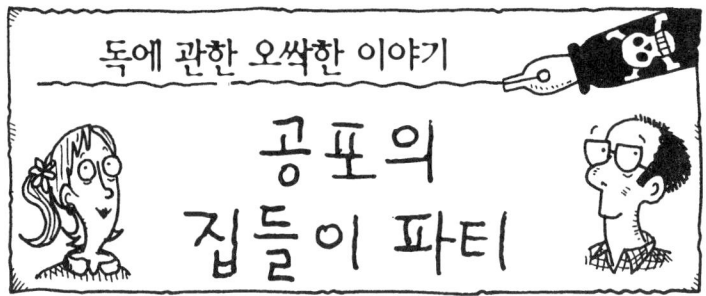

자, 엘버트와 윌마를 소개한다. 두 사람은 전형적인 미국인 부부로, 그동안 열심히 일하며 저축한 결과로 마침내 꿈을 이루게 되었다. 그것은 바로 따뜻한 애리조나 주에서 멋진 집을 짓고 살아가는 것이다. 두 사람은 꿈꾸던 집을 지은 다음, 이사할 준비를 했다.

"여보, 그런데 이 멋진 새 집에 뭔가 하나 빠진 것 같아요." 윌마가 말했다.

"그래, 뭐가 빠진 것 같소, 내 사랑?"

"음, 큰기둥선인장이 하나 있었으면 좋겠어요. 전 늘 그걸 집 안에 두었으면 했어요. 거실에 놓아두면 정말 근사할 거예요."

"그렇다면 망설일 게 뭐가 있소, 허니? 얼른 가서 하나 사 옵시다."

그래서 두 사람은 큰 선인장을 하나 사다가 거실에 놓았다. 그러자 정말로 거실 분위기가 확 살아났다.

3주일 후, 윌마와 엘버트는 집들이 파티를 열었다. 비바람이 거세게 몰아치는 밤인데도, 많은 친구와 이웃 사람들이 찾아왔다. 비가 억수같이 쏟아지는 가운데 천둥소리가 땅을 뒤흔들면서 빈개가 온 세상을 환하게 밝혔다. 그러더니 전기가 나가 버렸다. 그래도 손님들은 별로 신경 쓰지 않는 듯했다. 어둠 속에서도 파티는 유쾌하게 진행되었다. 그때, 윌마가 어둠 속에서 뭔가를 보고는 비명을 질렀다.

다른 사람들도 대화를 멈추고 그 쪽을 쳐다보았다. 순간, 모두의 얼굴에서 웃음이 사라지고, 술잔이 새 카펫 위로 떨어졌다.

무섭게 번득이는 번개 때문이었을까? 아니면, 선인장이 살아서 움직였던 것일까? 그랬다! 커다란 선인장이 마치 춤을 추듯이 꾸물거리고 있었다.

엘버트는 와들와들 떨리는 손으로 손전등을 켜 선인장을 향해 불빛을 비췄다. 그 순간, 모두의 입에서 일제히 비명이 터져 나왔다. 그리고 30초도 안 돼 모두들 집 밖으로 뛰쳐나갔다.

정말로 선인장은 꾸물거리고 있었다. 그러니까 거미들이 그 위를 뒤덮은 채 꿈틀꿈틀 기어 다니고 있었던 것이다! 무서운 독을 지녔다는 타란툴라 새끼들이었다. 어미가 선인장에 알을 까놓았던 모양이다. 알에서 막 깨어난 새끼들은 배가 고픈지 먹을 것을 찾아 사방으로 기어 다녔다.

수백 마리나 되는 거미들이 카펫과 커튼 위로 꾸물꾸물 기어 다녔다. 신발 위로도 올라가고, 핸드백 안으로도 들어가고, 바지 위로도 기어올랐다. 새끼들은 움직이는 것은 무엇이든지 물었는데, 그 독은 어른 타란툴라보다 네 배나 강하다.

(여기까지 이야기하고 나서, 장난감 거미를 몰래 동생의 머리 위에 올려놓고는, "이게 뭐야?" 하고 소리치면 동생이 기겁해 오줌을 지릴 것이다. 하하!)

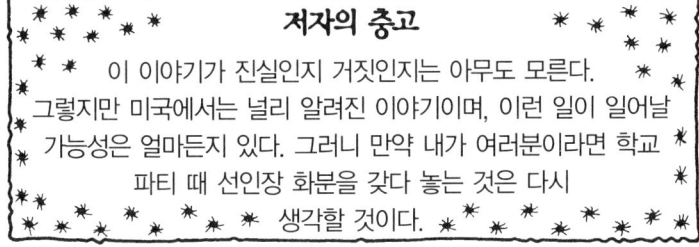

저자의 충고

이 이야기가 진실인지 거짓인지는 아무도 모른다. 그렇지만 미국에서는 널리 알려진 이야기이며, 이런 일이 일어날 가능성은 얼마든지 있다. 그러니 만약 내가 여러분이라면 학교 파티 때 선인장 화분을 갖다 놓는 것은 다시 생각할 것이다.

자, 기분이 어때? 설마 얼굴이 푸르스름하게 변하진 않았겠지? 만약 그렇다면 여러분의 얼굴색과 비슷한 백작의 애완동물들을 만나 보자.

무시무시한 개구리와 두꺼비

1. 개구리와 두꺼비는 피부에 독이 있다.

2. 개구리 중에는 정말로 치명적인 독을 가진 종이 일부 있다. 남아메리카의 콜롬비아에 사는 독화살개구리가 지닌 독은 0.0001g만으로도 사람을 죽일 수 있다.

3. 음, 그러니까…… 계산기가 어디 있더라? 작은 요구르트 병(무게 28.3g)에 든 독으로 250만 명을 죽일 수 있다는 이야기다! 정말 무서운 개구리가 아닌가!

4. 과학자들은 1970년대에 남아메리카에 산다는 이 부서운 개구리를 발견했다. 그 독이 너무나도 강해서 과학자들은 고무장갑을 끼고 그 개구리를 만졌다. 나중에 그 장갑에 닿은 닭과 개는 죽고 말았다.

5. 개구리가 이처럼 무서운 존재라면, 두꺼비는 공포 그 자체라 할 수 있다. 두꺼비를 씹어 삼킨 개는 토하면서 입에 거품을 뽀글뽀글 물게 된다. 심하면 죽을 수도 있다.

그렇지만 이렇게 무시무시한 개구리와 두꺼비도 순한 양처럼 보이게 하는 동물이 있으니…….

공포의 독을 지닌 뱀

여러분은 애완동물로 뱀을 기르는 걸 좋아하는가? 얼렁뚱땅 백작이 자신의 동물원에서 가장 좋아하는 애완동물은 바로 방울뱀이다.

그럼, 뱀에 관한 오싹한 비밀을 알아보자.

독에 관한 X-파일

이름 : 독사

기초 사실 : 1. 뱀은 모두 2300여 종이 있는데, 그중에서 사람에게 효과를 나타내는 독을 지닌 것은 300여 종뿐이다.

2. 얼렁뚱땅 백작 말대로 아무 이유 없이 사람을 공격하는 독사는 없다. 독사는 맛있는 생쥐나 고기가 연한 새끼새를 잡아먹길 더 좋아한다. 그렇지만 우리는 뱀을

밟는 나쁜 버릇이 있다. 그러면 뱀은 그 대가로 우리 다리를 물면서 독을 집어넣는 더 나쁜 버릇이 있다.

3. 독사는 속이 텅 빈 독니나 독니에 난 홈을 통해 독을 집어넣는다. 독은 머리 양 옆에 있는 독샘에서 만들어진다.

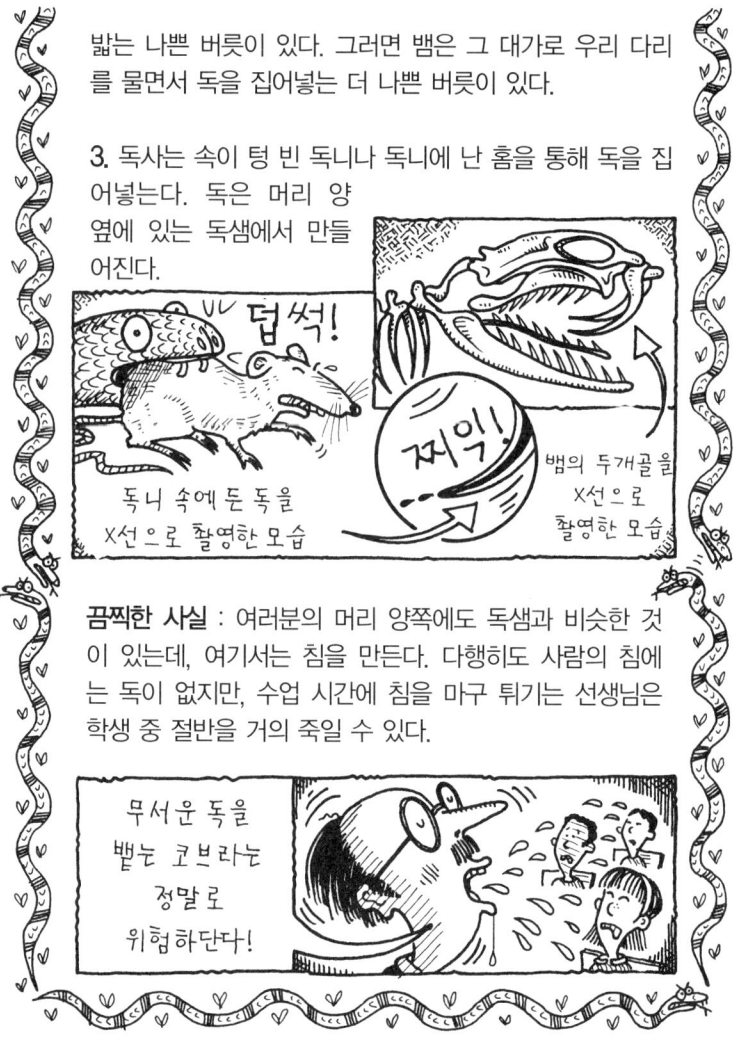

끔찍한 사실 : 여러분의 머리 양쪽에도 독샘과 비슷한 것이 있는데, 여기서는 침을 만든다. 다행히도 사람의 침에는 독이 없지만, 수업 시간에 침을 마구 튀기는 선생님은 학생 중 절반을 거의 죽일 수 있다.

독사는 종류에 따라 독의 종류도 다른데, 다른 것에 비해 특히 무서운 독을 지닌 것도 있다. 그러니까 독사에 따라 독의 맛이 각각 다르다고 생각하면 된다. 음, 친절하게도 얼렁뚱땅 백작이 두 가지 독을 밀크셰이크로 만들었다고 한다.

뱀이 이처럼 무서운 존재라면, 사람은 그보다 훨씬 더 끔찍한 존재이다. 미국 남부 주들에서는 '방울뱀 사냥'이라는 축제가 열린다. 이 축제 기간에는 아무 죄 없는 뱀 수만 마리가 죽음을 당한다. 한 방울뱀 사냥꾼은 방울뱀 꼬리를 붙잡고는 머리가 떨어져 나갈 때까지 채찍처럼 휘둘렀다고 한다. 그러던 어느 날, 방울뱀의 머리가 떨어져 나가면서 그 사람을 물었고, 그는 곧 죽고 말았다.

요건 몰랐을걸!

이제 독사에게 물리는 게 결코 유쾌한 일이 아니라는 걸 알았겠지? 그런데 뱀의 독이 나쁘기만 한 것은 아니다. 무슨 소리냐고?
- 브라질살무사의 독은 혈관을 좁혀 혈압을 높인다. 그래서 저혈압 환자를 치료하는 약으로 사용된다.
- 러셀살무사의 독은 혈액을 응고시키는 작용을 한다. 피가 났을 때 혈액이 잘 응고하지 않아 피가 멎지 않는 사람이 있는데, 이런 사람에게 러셀살무사의 독은 약이 된다.

백작은 돈조아 탐정에게 살무사에게 물려 보고 그 느낌을 우리에게 말해 주지 않겠느냐고 제안했다. 돈조아 탐정은 0.5초 정도 생각하더니, 마음을 정했다.

괴상한 독사 전문가

그런데 실제로 독사의 독을 자기 몸에 집어넣은 괴상한 과학자가 있었다. 1920년대에 아이겐버거 박사는 그 효과를 알아보기 위해 독사의 독을 자기 몸에다 주사했다. 그는 설사 그러다 죽는 한이 있더라도, 진실을 알아내고 싶었다. 그가 실험 일지를 썼더라면, 아마도 다음과 같은 내용이 적혀 있었을 것이다.

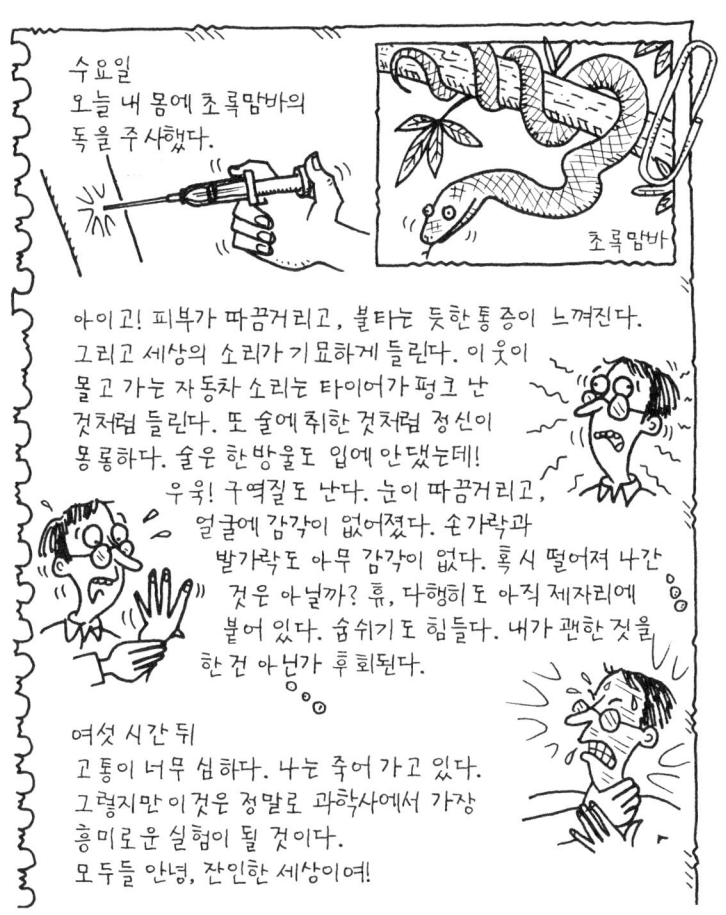

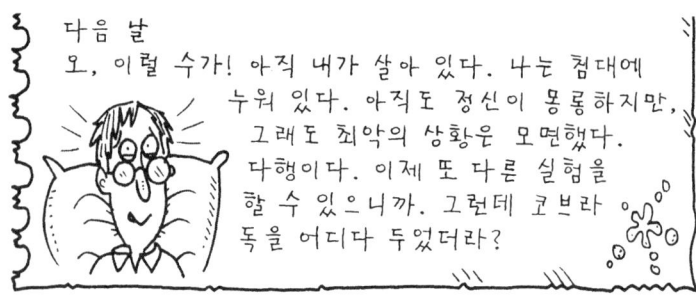

아이겐버거 박사는 스스로를 독을 담는 시험관으로 만들었던 셈이다. 그는 실험을 하기 전에 독을 10배로 희석시켰다. 만약 독을 그대로 사용했더라면, 그는 필시 살아남지 못했을 것이다.

그러나 운이 좋지 못한 사람도 있었다. 1921년, 뱀 쇼를 보여 주던 톰 완리스는 초록맘바에게 물리고 말았다. 다음 날 아침, 완리스는 매우 괴로워 보였고, 피를 토했다. 그는 몸을 이끌고 거울 앞으로 가 이렇게 말했다.

그리고는 쓰러져 죽었다.

톰 완리스와 아이겐버거 박사에게 필요했던 것은 뱀독의 작용을 막아 주는 물질이었다. 즉, 해독제가 필요했던 것이다. 희소식이 있다. 뱀독을 해독할 수 있는 해독제가 실제로 개발돼 있다는 것!

독에 관한 X-파일

이름 : 해독제

기초 사실 : 1. 뱀독은 단백질이다. 우리 몸이 이 독을 감지하면, 항체라는 단백질을 만들어 대항하려 한다.
2. 항체가 하는 일은 독 단백질에 들러붙어 제대로 작용을 하지 못하게 하는 것이다.
3. 문제는 치명적인 독사에게 물렸을 때에는 독이 몸속에 너무 많이 들어와 아주 빨리 작용하기 때문에, 우리 몸이 항체를 충분히 만들어 낼 시간이 없다는 것이다.
4. 독을 이기고 살아남는다면, 우리 몸에는 항체 중 일부가 남아 있게 된다. 그래서 다음번에 같은 독사에게 물리면, 비교적 쉽게 견뎌낼 수 있다.
5. 과학자들은 말이나 양에게 뱀독을 소량 주사하여 그 속에서 만들어지는 항체를 채취하여 해독제를 만든다.

뱀에게 비닐을 물게 함으로써 독을 채취한다.

독이 병에 떨어진다.

끔찍한 사실 : 그렇지만 우선 말이나 뱀에게 주사할 뱀독을 얻는 게 필요하다. 그러려면 살아 있는 독사를 사로잡아야 한다. 누구 자원할 사람? 음, 아무도 없군.

히히!

그런 위험한 일에 기꺼이 나서겠다고 한 사람이 있었으니, 오스트레일리아의 뱀 전문가 케빈 버든이다. 1950년, 과학자들은 해독제를 만들기 위해 오스트레일리아 북부에 사는 무서운 독사인 타이판을 사로잡아야 했다. 그래서 버든은 타이판을 찾기 위해 케언스로 갔다. 그러나 그의 앞에는 끔찍한 운명이 기다리고 있었다.

케언스 일보
1950

용감한 버든, 독사에게 무릎 꿇다!

케빈 버든의 죽음에 삼가 애도를 표합니다. 용감한 케빈 버든(20세)은 돌 밑에 숨어 있던 타이판을 발견했다. 그러나 버든이 미끌미끌한 독사를 자루 속에 집어넣기 전에 타이판은 그의 손을 친친 감았다. 그것을 손에서 떼어 내려면 전문가의 도움이 필요했다.

그래서 버든은 지나가던 트럭 운전사 짐 해리스에게 뱀 전문가인 스티븐스의 집으로 좀 데려다 달라고 부탁했다. 해리스는 "나는 그 무서운 독사를 내 트럭에 태워 준 적이 한 번도 없었지만 그 문제로 논쟁하고 싶지는 않았어요."라고 말했다.

스티븐스의 집에 도착한 버든은 다시 타이판을 자루에 넣으려고 했으나, 그때 타이판이 그를 물었다. 버든은 그 다음 날 숨을 거두었다.

그렇지만 케빈 버든의 죽음은 헛된 것이 아니었다. 과학자들은 그 뱀의 독을 이용해 최초로 타이판 독에 대한 해독제를 만들었다.

그럼, 이제 다음 장으로 넘어가기로 할까? 엉? 잠깐만, 한 독자가 할 말이 있다는데…….

아, 맞다! 깜빡했군. 놀랍게도 좀비가 실제로 존재하며, 독을 사용해 사람을 좀비로 만들 수 있다고 생각하는 과학자도 있었다. 1980년, 아이티 섬에서 클레어비우스라는 남자가 여동생의 방문을 두들겼다. 오빠가 여동생 방문을 두들기는 거야 이상할 게 하나도 없지만, 클레어비우스는 18년 전에 죽어 매장되었던 사람이다! 그는 부두교 주술사가 자신의 시체를 파내 좀비로 만들어 노예로 부려 먹었다고 말했다.

미국 과학자 웨이드 데이비스는 이 이야기를 듣고 진상을 파헤치기 위해 아이티 섬으로 날아갔다. 그는 부두교 주술사에게 돈을 주고 비법을 조금만 알려 달라고 부탁했고, 그 결과 어떻게 좀비를 만드는지 알아냈다. 여러분도 좀비를 만들어 보고 싶다고? 뭐, 말리진 않겠다.

직접 만들어 보는 좀비 제작 세트

자, 오빠나 동생을 좀비로 만들어 노예로 부려 먹으세요!

준비물 :
오빠나 동생
특별 제작한 비밀의 좀비 독약.
이 속에는 진짜 아기 뼈와 복어 독이 들어 있음.

방법 :
오빠나 동생에게 독약을 먹이기만 하면 됨!
(너무 많이 먹이진 마세요! 그러다간 진짜로 죽을 수 있음.)

자, 쭉 들이키렴. 아주 맛있단다.

적당한 양을 먹이면, 오빠나 동생은 죽은 것처럼 보입니다. 그러면 절대로 화장하지 말고 땅 속에 매장을 하세요. 그런 다음, 몰래 시체를 파내 방 청소도 시키고, 과학 숙제도 시키면서 마음대로 부려 먹으면 됩니다.

내 방청소도 하고, 양말도 빨아 주겠다고 약속해!

설마 정말로 집에서 이것을 실험해 볼 생각은 아니겠지? 그렇다면 다행이다. 가족에게 독을 먹여 노예로 만드는 것은 범죄 행위라는 사실을 알려 주지 않아도 되니까 말이다. 게다가 대부분의 과학자는 좀비 독약이 실제로 효과가 있다고 생각하지 않는다.

여러분 생각은 어때? 웨이드 데이비스가 한 말은 헛소리에 불과한 것일까? 여러분은 그 무서운 진실을 파헤쳐 보고 싶을 만큼 용감한가? 만약 그렇다면, 여러분은 독극물 전문 탐정이 될 자격이 있다. 그러나 그 전에 먼저 만전을 기하기 위해 다음 장을 꼭 읽어 보라.

독극물 전문 탐정이 되기 위한 훈련 과정

〈앗, 이렇게 재미있는 과학이!〉에서 마련한 독극물 전문 탐정 훈련 과정에 온 것을 환영한다! 여러분의 임무는 이 장이 끝날 무렵에 해박한 독극물 전문 탐정이 되는 것이다.

첫 번째 관문 : 독이 숨겨져 있는 장소를 찾아라!

우리는 복어 전문 식당에서 했던 끔찍한 실험에서 이제 완전히 건강을 회복한 돈조아 탐정을 평범한 가정인 이 집으로 보냈다.

독이 숨겨진 집

작성자: 돈조아 탐정

그래서 나는 이 일을 맡기로 했다. 그것부터가 아주 잘못된 판단이었다. 처음에는 너무나도 쉬운 일처럼 보였다.

웢슨이 냄새를 맡아 독을 찾아내면, 나는 돈을 세기만 하면 된다. 이런 일은 천 번도 넘게 했으니 식은 죽 먹기일 것이다. 그러나 그것은 오산이었다. 무엇보다도 고양이를 생각하지 못했다. 웢슨은 고양이라면 기겁을 한다.

우리는 고양이를 가두고 나서야 일을 시작할 수 있었다.

얼마 지나지 않아 이 일이 결코 만만치 않은 것으로 드러났다. 집 안 곳곳에 독이 널려 있었기 때문이다!

우리는 상자 가득히 독성 물질을 담아 가지고 나온 다음, 다시 들어가 찾기를 반복했다. 우리가 가지고 나온 독성 물질로는 다음과 같은 것이 있었다.

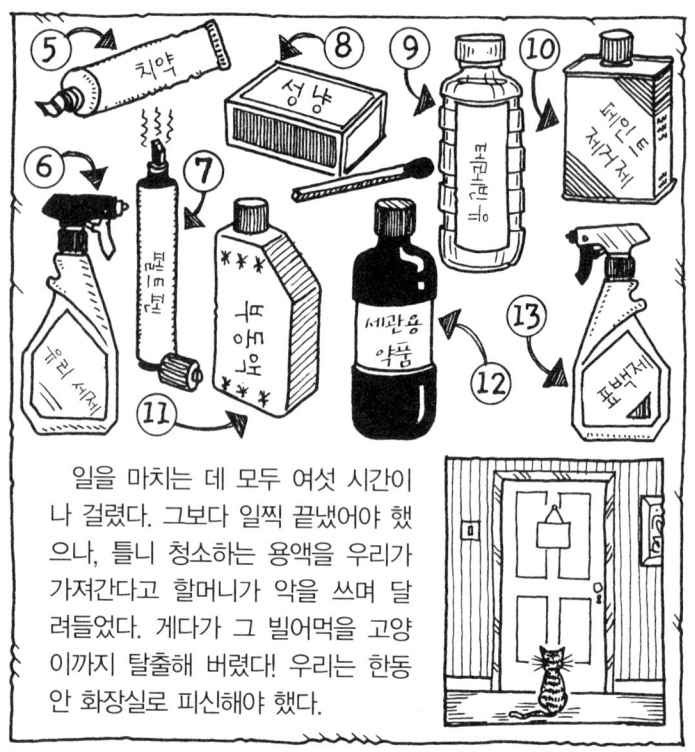

일을 마치는 데 모두 여섯 시간이나 걸렸다. 그보다 일찍 끝냈어야 했으나, 틀니 청소하는 용액을 우리가 가져간다고 할머니가 악을 쓰며 달려들었다. 게다가 그 빌어먹을 고양이까지 탈출해 버렸다! 우리는 한동안 화장실로 피신해야 했다.

돈조아 탐정이 찾아낸 것들을 좀 더 자세히 살펴보자.

1. 의약품. 모든 의약품은 일종의 독이다. 소량 사용할 때에는 약이 되지만, 많이 사용하면 독이 된다.

2. 살충제와 제초제는 해충과 잡초를 죽이기 위한 목적으로 만들어진 것이다. 그렇지만 이것들은 사람도 죽일 수 있다.

3. 접착제 중에서 안전한 것은 어린이에게 안전하다는 문구가 붙어 있는 것뿐이다. 대부분의 아교나 강력 접착제는 몸에 해롭다.

4. 세제나 샴푸, 샤워용 겔, 거품 목욕제 같은 것은 마시면 몸에 좋지 않다. 그러니 건강하게 살고 싶거든 이런 것을 삼키지

않도록 조심하라.

5. 구강 세정제, 탈취제, 치약 등은 해당 부위에 사용할 때에는 해가 없지만, 배고프거나 목이 마르다고 해서 이런 걸 먹을 생각은 절대로 하지 마라!

6. 유리 세제에는 해로운 화학 물질이 들어 있다. 안개처럼 뿌려진 살포액을 호흡하는 것도 몸에 아주 해로울 수 있다.

7. 펠트펜. 어린이가 사용해도 안전하다고 표시된 것 외에는 모두 위험하다. 잉크는 대부분 수성 잉크인데, 고약한 냄새가 나는 펠트펜의 잉크에는 해로운 화학 물질이 들어 있는 경우가 많다. 그러한 물질을 너무 많이 들이마시면 호흡 곤란이나 피부가 파랗게 변하는 증상이 나타날 수 있다.

8. 성냥. 특히 딱성냥(아무 데나 대고 마찰시키면 불이 붙는 성냥)은 삼키면 독이 된다. 안전 성냥이라고 표시되었다고 해서 그것을 삼키는 멍청한 사람도 있는데, 위장 장애를 일으킬 수 있다.

9. 테레빈유는 독성이 아주 강하다. 200여 년 전에 의사들은 담석증(쓸개에 작은 돌이 생기는 병) 환자에게 테레빈유를 주곤 했다. 그중 일부 환자는 쓸개의 작은 돌 대신에 무덤 앞에 세울 큰 비석을 얻었다고 한다.

10. 페인트 제거제. 만져서도 안 되고, 그 증기를 들이마셔도 안 된다. 원래는 페인트 막을 벗기도록 만들어진 것이지만, 사람 피부도 잘 벗긴다.

11. 부동액은 아주 무서운 물질이다. 부동액은 우리 몸을 이루는 물질들과 반응하여 옥살산을 만든다. 따라서 여러분은 대황을 먹지 않고도, 그것을 먹은 것과 똑같은 증상이 나타나게

된다.

12. 세관용 약품이나 오븐용 세제는 달라붙은 탄 음식물 같은 것을 녹이는 능력이 탁월하다. 또한 용기에 적힌 주의 사항을 무시하는 완고한 사람들도 잘 녹인다.

13. 표백제와 **변기용 세제**는 세균을 죽이는 능력이 있으며, 그것을 마시는 멍청한 사람도 죽일 수 있다.

자, 이제 여러분은 첫 번째 관문을 통과했다. 두 번째 관문으로 가기 전에 세관용 약품이나 오븐용 세제, 변기용 세제는 염기성(알칼리성)이기 때문에 피부를 손상시킨다는 사실을 알아 둘 필요가 있다. 여기에 대해 조금 더 자세히 알아보자.

염기성 독성 물질에 대해 알아 두어야 할 모든 것

1. 염기성 화학 물질은 물에 잘 녹는다. 물의 양이 많을수록 염기성은 약해진다. 백작이 직접 우리에게 그것을 보여 주려고 한다.

2. 염기성 화학 물질을 이루는 원자들은 접촉한 다른 물질로부터 수소 원자를 떼어 내려고 한다.

3. 다른 물질은 수소 원자가 떨어져 나가면서 녹게 된다. 따라서 여러분이 세관용 약품 속에서 목욕을 한다면, 몸이 녹게 될 것이다.

이번엔 그래도 좀 밝은 소식을 전하겠다. 염기성 화학 물질을 어떻게 만드는지 궁금해하는 사람들을 위해 오븐용 세제에게 그 비밀을 밝혀 달라고 부탁했다.

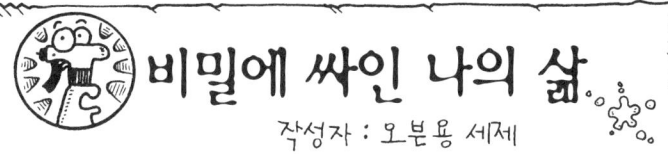

비밀에 싸인 나의 삶
작성자 : 오븐용 세제

좋다, 내가 모든 걸 깨끗이 밝히겠다. 난 원래 깨끗이 하는 능력이 뛰어나니까. 난 절대로 성가신 오븐용 세제가 되고 싶진 않다. 그러니까 어두운 찬장 구석에 처박혀 있다가 모두가 싫어하는 지저분한 일을 할 때에만 밖으로 나오는 그러한 삶은 살고 싶지 않다. 아아! 왜 나는 예쁜 병에 담긴 고급 향수로 태어나지 않았을까?

이야기는 내가 소금덩어리(내 나트륨 원자가 바로 여기서 나왔다)일 때부터 시작된다. 그들은 내 몸에서 염소 원자를 떼어 내더니 나트륨 원자를 물과 섞었다. 그러자 아주 빠른 화학 반응이 일어나면서 나는 수산화나트륨으로 변했다!

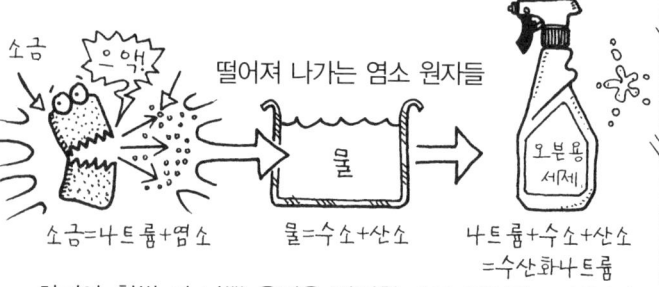

하기야 훨씬 더 나쁜 운명을 맞이할 수도 있었다. 그러니까 변기용 세제나 표백제가 될 수도 있었다. 생각만 해도 끔찍하다! 누가 여러분의 머리를 변기를 향해 숙이고, 창자를 쥐어짜 속에 든 것을 게워 내게 한다면, 기분이 좋겠는가? 음, 이걸 생각하니 오븐용 세제의 운명도 아주 나쁜 것은 아니군.

요건 몰랐을걸!

수산화나트륨을 누구나 다 싫어하는 것은 아니다. 이 물질을 좋아하는 새우도 있다. 케냐의 나트론 호수 같은 곳에서는 암석과 물이 화학 반응을 일으켜 수산화나트륨이 만들어진다. 이 염기성 호수에서는 대부분의 생물이 살 수 없지만, 이 특별한 새우는 이런 곳에서도 잘 살아간다.

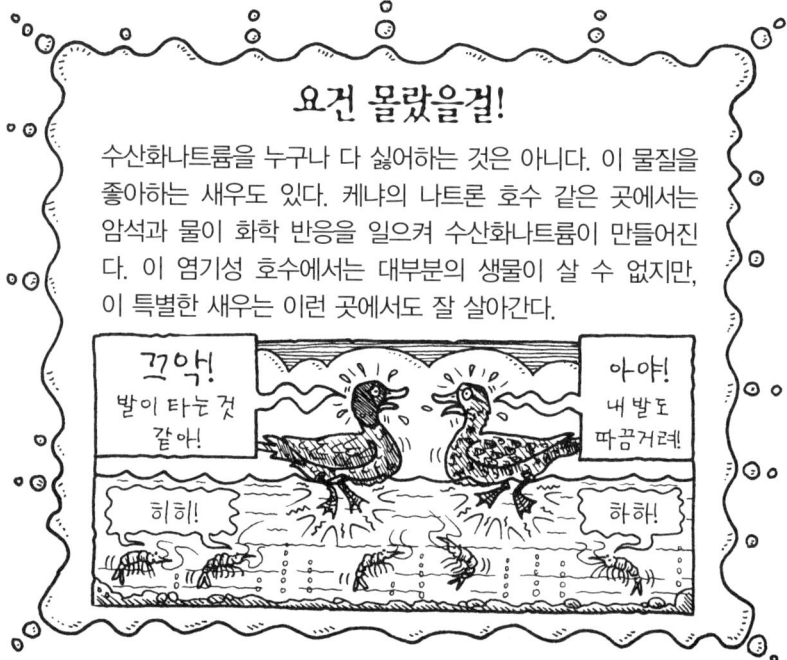

자, 그럼 다시 독극물 탐정 훈련 과정으로 돌아가자.

두 번째 관문 : 집을 독극물 안전 지대로 만들어 동생 목숨 구하기

준비물 :

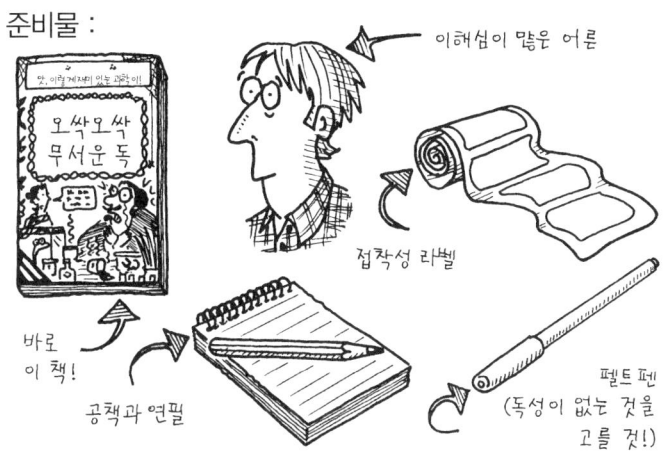

방법 :

1. 먼저 이 실험을 해도 되는지 어른의 허락을 얻고 나서, 어린 동생이나 햄스터가 함부로 나돌아 다니지 않도록 안전한 장소에 가둔다. 여러분이 발견하는 독을 삼키거나 하면 큰일나니까.

2. 라벨에 해골 로고를 그린다. 그림에 소질이 없는 사람을 위해 멋진 예술 작품을 하나 소개하니, 베껴 사용하도록 하라. 고마워요, 토니!

3. 집 안을 돌아다니면서 눈에 띄는 독성 물질에다가 라벨을 붙인다. 혹시 준비한 라벨이 모자랄지도 모른다!

4. 독성 물질을 발견하면, 그 위험성을 공책에 기록한다. 예를 들면……

● 엉뚱한 용기에 담긴 독성 물질이나 의약품.

무시무시한 건강 경고!

이것은 정말로 끔찍한 일이다! 오븐용 세제로 머리를 감는다든가 감기약인 줄 알고 페인트 제거제를 마신다고 상상해 보라! 만약 여러분 가족이 독성 물질을 엉뚱한 용기에다가 담아 놓았다면, 당장 갖다 버리든가 경고문이 붙은 라벨을 붙이도록 하라!

● 잠그지도 않은 찬장 낮은 곳에 넣어 둔 독성 물질. 동생이나 햄스터가 배가 고파 손을 댈지도 모른다.
● 어린아이도 쉽게 딸 수 있는 용기 속에 넣어 둔 독성 물질.
● 잠그지도 않은 찬장 낮은 곳에 넣어 둔 의약품.
● 새는 용기에 넣어 둔 독성 물질.

5. 이러한 위험한 독성 물질이 눈에 띄면 어른에게 알리고, 필요한 대책을 세우게 하라. 독성 물질은 어린이의 손이 닿지 않는 곳에 넣어 두고, 잠가 두는 것이 좋다.

> **저자의 충고!**
> 세 번째 관문은 난이도가 높은 고급 과정이기 때문에, 여러분이 경찰이 되고 나서야 하고 싶을지도 모른다.

세 번째 관문 : 중독된 시체를 파내 검사하라!

긴급 경고!

시체를 파내기 전에 반드시 허락을 얻어야 한다. 설마 공동 묘지에서 관리인이나 경찰의 추격을 피해 도망 다니고 싶진 않겠지? 또 자신의 기술을 시험하려고 죽은 애완동물 시체를 파내려고 하지도 마라. 죽은 햄스터는 그냥 고이 잠들도록 내버려 두라.

1. 천으로 무덤 주위를 둘러싸 가린다. 우스꽝스러운 만화가 그려져 있지 않다면, 해변에 치는 바람막이 천 같은 것도 괜찮다.

2. 무덤을 제대로 골랐는지 확인하라. 엉뚱한 시체를 파낸다면, 참으로 난처한 일이 벌어질 것이다!

3. 악취가 빠져나가도록 관 뚜껑을 약간 열어 두라(먼저 빨래집게로 여러분의 코를 집는 게 필요하지 않을까? 하하!).

4. 무덤 속의 흙도 약간 채취하는 걸 잊지 마라. 흙 자체에 독이 포함돼 있으면 검사 결과에 영향을 줄 수 있기 때문이다.

5. 시체가 들어 있는 관도 검사를 위해 가져가라. 뭐, 너무 간단하지?

네 번째 관문 : 시체의 중독 여부 검사하기

무덤에서 채취한 흙 외에도 검사할 시체 표본이 약간 필요하다. 몇 가지 예를 소개하면……

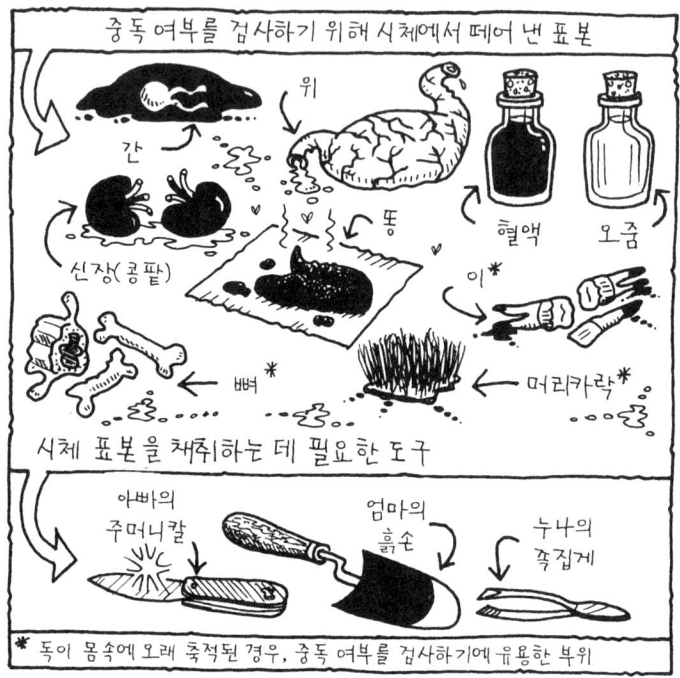

그런데 독성 시험을 하기 전에 독성 시험 과학을 탄생시킨 사람이 누군지 궁금하지 않은가?

명예의 전당 : 마티외 오르필라 (Mathieu Orfila; 1787~1853)

국적 : 에스파냐(나중엔 프랑스)

오르필라는 괴로운 선택을 해야 했다. 살인 사건 조사에 참여하느냐 마느냐 하는 기로에 서 있었던 것.

공장 사장이던 샤를 라파르주가 죽었는데, 그의 아내인 마리가 살인 혐의로 재판을 받고 있었다. 법정에서는 마리가 비소를 사용해 남편을 죽였는지 알고 싶어 했다. 마리는 비소가 든 쥐약을 산 적이 있지만, 경찰은 시체에서 비소의 흔적을 찾아내지 못했다. 그 당시 오르필라는 프랑스 최고의 독극물 전문가였다. 만약 누가 독극물을 찾아낼 수 있다면, 당연히 오르필라도 찾아낼 수 있었다. 그러나 만약 잘못된 판정을 내린다면, 자신을 시기하는 사람들은 시끄러운 까마귀 떼보다도 더 시끄럽게 비난하고 나설 것이다. 그리고 마리는 아무 죄도 없이 처형당할 것이다.

오르필라는 젊은 시절에 에스파냐에서 의학을 공부하여 훌륭한 의사가 되었으며, 바르셀로나 시는 그가 연구를 더 열심히 하도록 돈까지 지원해 주었다. 그리하여 그는 파리까지 오게 되었다. 1814년, 오르필라는 독극물에 관한 훌륭한 책을 썼는데, 독이 신체에 미치는 작용과 시체에서 독을 검출하는 방법을 자세히 기술했다. 그래서 그는 샤를 라파르주의 살인 사건을 해결할 가장 적합한 인물로 꼽혔다.

오르필라는 4년 전인 1836년에 개발된 시험 방법을 사용해 보았다. 시험 결과, 실제로 샤를은 비소에 중독되어 죽은 것으로 드러났고, 마리는 유죄 판결을 받았다. 마리는 평생 동안 감옥에서 살게 되었고, 오르필라는 그 후에 4000여 마리의 운 나쁜 개들을 대상으로 독성 시험을 계속했다. 그는 독물에 관한 새로운 과학을 창시했는데, 바로 오늘날 독물학이라 부르는 분야이다.

오르필라가 그 후 행복하게 잘 살다 죽었다고 이야기하고 싶지만, 사실은 그렇지 못했다. 1848년에 프랑스에서 혁명이 일어난 뒤, 오르필라는 새로 들어선 정부와 사이가 좋지 못했다. 더 이상 훌륭한 파티에 초대도 받지 못했고, 높은 자리도 얻지 못했다. 결국 스트레스를 못 이겨 몸에 병이 났고, 5년 후에 죽고 말았다. 오늘날 그를 기억하는 사람도 얼마 없으며, 그의 무덤이 어디인지도 알려져 있지 않다. 그래도 아무도 그의 무덤을 파헤치진 않았으니 다행이라고 할까.

음, 그러고 보니 시체를 대상으로 독성 시험을 하기로 했지? 아무래도 고급 장비가 있으면 큰 도움이 된다. 그래서 어린 독물학자가 되려는 여러분을 위해 아주 이상적인 선물 몇 가지를 소개하고자 한다.

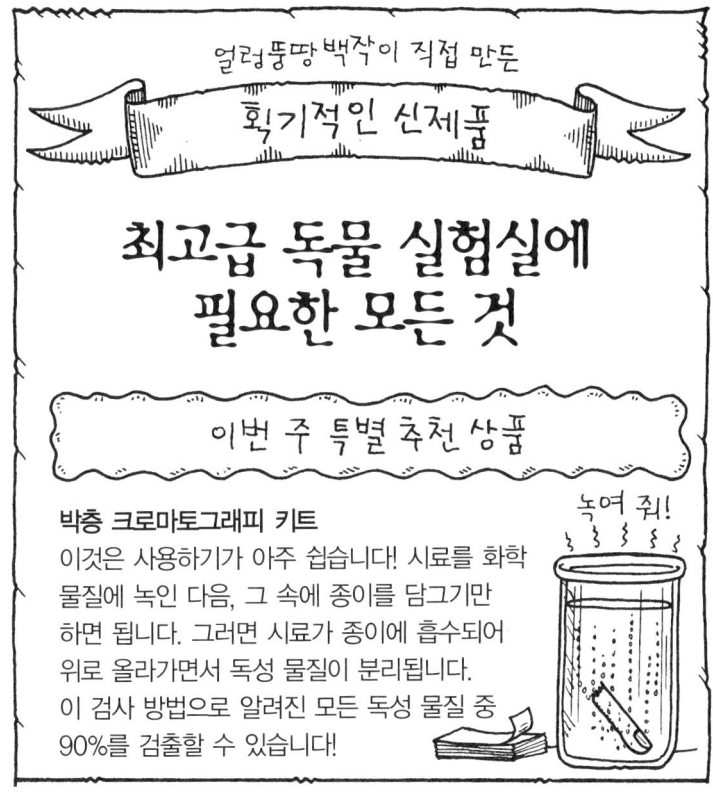

뭐라고? 아직 본격적인 탐정 일을 할 만큼 나이를 먹진 않았지만, 지금 당장 독성 시험을 해 보고 싶어 몸이 근질거린다고? 음, 그렇다면 여러분의 재주를 시험해 볼 수 있는 특별한 실험을 하나 소개한다.

직접 해 보는 실험 : 종이 크로마토그래피를 이용한 독성 시험

준비물 :

신문지, 자

폭 5cm, 길이 20cm 정도 되는 키친타월 조각이나 여과지

초록색 식품 색소, 작은 붓

커다란 유리 그릇에 깊이 2cm 정도 물을 부은 것

실험 방법 :

1. 이것은 주위를 지저분하게 만들기 쉬운 실험이기 때문에, 반드시 신문지를 바닥에 깔고 실험을 하라. 그렇지 않았다간 다음 번 독성 시험 대상은 여러분의 시체가 될지 모른다.
2. 붓을 사용해 종이 띠 끝에서 3cm 떨어진 지점에 폭이 0.5cm 정도 되게 식품 색소를 칠한다.
3. 종이 띠를 1cm 정도 물 속에 담근 다음, 종이 띠를 그릇 가장자리에 걸쳐 놓는다.

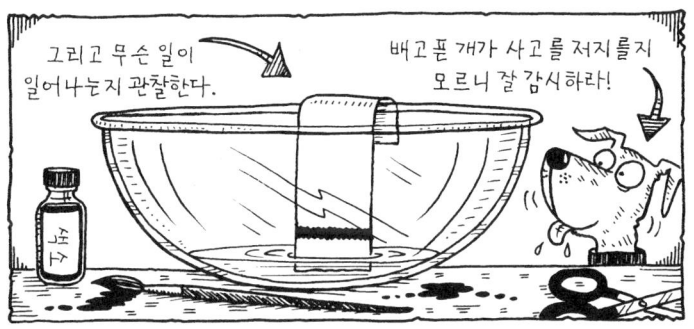

실험 결과 :

물이 종이 띠에 스며들어 위로 올라갈 것이다. 물이 색소가 있는 부분에 이르면, 여러 가지 색깔이 분리되어 나오기 시작할 것이다(그러기까지는 몇 분이 걸린다). 이것을 보면서 수상한 시료에서 독성 물질이 분리돼 나오는 것으로 상상하면 실험이 더 흥미진진할 것이다. 다른 식품 색소나 수성 펠트펜을 가지고도 실험을 해 보라.

축하한다! 이제 여러분은 이 책을 거의 다 읽었다. 그런데 여러분은 이 책에 소개된 끔찍한 사실들을 잘 기억하고 있는가? 자, 그러면 여러분이 똑똑한 탐정이 될 자질이 있는지 아니면 만날 실수만 하는 돌팔이 탐정이 될지 한번 테스트해 보기로 하자. 다음 퀴즈는 여러분이 지금까지 배운 것을 바탕으로 출제한 것이다. 여러분이 배운 것을 제대로 기억하고 있다면, 미스터리 사건들을 해결할 수 있을 것이다.

독에 관한 깜짝 퀴즈

1. 1838년, 독일의 어느 여자는 자기 남편을 독살하려고 시도했다. 먹음직한 수프를 만들면서 거기다가 인을 섞었다. 수프를 본 남편은 뭔가 수상쩍은 낌새를 눈치 챘는데, 어떤 점이 의심을 샀을까?

 a) 수프에서 변기 세제 냄새가 났기 때문이다.
 b) 수프가 식은 뒤에도 계속 부글부글 거품을 냈기 때문이다.
 c) 수프가 어둠 속에서 빛을 냈기 때문이다.

2. 1954년, 두 여성이 유럽청가뢰의 체액에 중독되었다. 과학자 루이스 니켈스는 어떤 독이 사용되었는지 알아냈는데, 어떻게 알아냈을까?

 a) 폭발할 때까지 가열했다.
 b) 애완동물로 키우던 토끼에게 먹였더니 좀비로 변했다.

c) 두 여성이 토한 것을 자신의 팔에다 발랐더니 물집이 생겼다.

3. 금강앵무는 남아메리카에 사는 앵무새로, 씨와 과일을 먹고 사는데, 그중에는 독을 지닌 식물도 있다. 그런데 어떻게 중독돼 죽지 않을까?

a) 독을 지닌 식물을 먹은 뒤에 진흙을 먹기 때문에.
b) 원숭이에게 먼저 안전한지 먹어 보도록 한 뒤에 먹기 때문에.

c) 독을 아주 멋진 깃털 사이에 저장하기 때문에.

4. 1953년, 이탈리아 주재 미국 대사이던 클레어 루스는 폼 나는 멋진 일자리, 궁전 같은 저택, 자신을 돌봐 주는 하인들, 훌륭한 미술 작품으로 장식된 천장 등 세상에 부러울 게 없었다. 그런데 어느 날, 그녀는 원인을 알 수 없는 병에 걸렸다. 구토와 설사가 심하게 났고, 머리카락이 빠졌으며, 어지럼증이 났다. 심지어는 비행접시를 보았다고까지 이야기했다. 의사는 루스의 소변에서 비소를 발견했다. 그녀를 중독 시킨 범인은?

a) 외계인.
b) 천장.
c) 의사.

> 답:
> 1. c) 인은 어둠 속에서 빛을 낸다는 사실을 기억하고 있겠지? 정상적인 죽이 어둠 속에서 빛을 낸다면, 그것은 필시 외계인이 만든 죽일 것이다. 남편은 그 수프를 경찰에 검사해 달라고 의뢰했고, 결국 아내는 감옥으로 가게 되었다.
> 2. c) 이 독은 피부에 물집이 생기게 한다고 했지(123쪽 참고)? 그 과학자는 간이 아주 부었던 게 분명하다. 그 고통스러운 독은 그를 죽일 수도 있었기 때문이다.
> 3. a) 이 똑똑한 새는 강둑으로 날아가 진흙을 집어먹어 독을 흡수하게 한다. 하기야 사람에게도 효과가 있다고 하지 않았는가?
> 4. b) 천장의 페인트에는 비소가 포함돼 있었는데, 그것이 벗겨져 떨어지면서 커피 속에 들어갔다. 루스는 운이 좋아 죽지는 않았다. 비소가 발견된 이야기는 철저히 비밀에 부쳐졌고, 나중에 루스가 그 중독 사건에 대해 이야기하자 아무도 믿으려 하지 않았다. 결국 루스는 '비소'라는 별명을 얻게 되었다.

정말로 섬뜩하지 않은가? 궁전에 앉아 맛있는 커피를 즐기고 있는데, 천장이 여러분을 죽일 음모를 꾸미고 있다니! 그런 일은 절대로 일어나서는 안 된다! 독은 가장 고통스럽고 무서운 화학 물질이 아니던가? 엥? 그게 아니라고?

자, 여러분은 오싹한 진실을 들을 용기가 있는가?

끝맺는 말 : 오싹한 진실

독이 고통스럽다는 것은 100% 진실이다. 그리고 여러분이 이 책을 잘 읽었다면, 독이 얼마나 큰 고통을 주는지 다시 말해 줄 필요가 없을 것이다. 그렇지만 혹시라도 잊어버린 사람을 위해 얼렁뚱땅 백작이 그 사실을 다시 상기시켜 주려고 한다.

＊ 여러분은 죽어 있을 테니까.

독은 고통스럽고 위험하고 치명적이기 때문에, 압둘 하미드 같은 지도자들이 독을 매우 두려워한 것은 너무나도 당연한 일이다. 그런데 독을 아주 무서워한 사람이 여기 하나 더 있다.

미트라다테스 6세 이야기는 우리에게 주는 교훈이 있다. 독을 무서워하는 건 쉬운 일이지만, 세상에는 그것보다 훨씬 무서운 일이 얼마든지 많이 있다는 것! 잔인한 적도 그중 하나이다.

그리고 독을 꼭 무서워만 할 필요는 없다? 왜냐하면······.
- 독은 생명을 구하는 의약품으로 이용되기도 한다. 아주 귀중한 식물 독과 뱀독을 생각해 보라. 고마워, 친구들!

- 어떤 독은 산업에 유용하게 이용된다. 아, 물론 여러분은 비소와 납이 들어간 음료수를 마시고 싶진 않을 것이다. 그러나 땜납에 사용되는 비소와 납이 없었더라면, 저자는 컴퓨터에 이 책의 원고를 입력할 수 없었을 것이다.

- 어떤 물질은 아주 많이 먹어야만 독성을 나타낸다. 소량만 섭취할 때에는 우리가 살아가는 데 아주 큰 도움이 된다. 설탕이나 물, 산소도 독이 될 수 있다고 했지? 그러나 이것들을 얼른 섭취하지 않으면, 여러분은 배가 고프고, 목이 마르고, 숨이 막히게 될 것이다!

주변에 널려 있는 수천 가지 동식물의 독이나 여러분의 부엌에 도사리고 있는 독성 물질에 대해 불안을 느끼는 것은 쉬운 일이다. 그러나 청산칼리 같은 아주 무서운 독도 무기로 사용될 때에만 두려움의 대상이 된다. 즉, 그것을 사용해 남을 죽이려고 하는 사람의 손에 들어갈 때에만 비로소 위험해지는 것이다.

따라서, 독에 대처하는 가장 좋은 방법은 두려워하는 것이 아니다. 자신을 보호할 수 있도록 독에 대해 잘 아는 것이 최선의 방법이다. 단지 새로운 물질을 만드는 것만이 과학은 아니다. 물질을 안전하고 현명하게 사용하는 것도 과학이다. 독자 여러분은 과학을 잘 알아 겁에만 질려 살아가지 말고 행복하고 현명한 삶을 누리길 바란다.

앗, 시리즈 (전 70권)

수많은 교사와 학생들이 한눈에 반한 책.

전 세계 2천만 독자의 인기를 독차지한 〈앗, 시리즈〉는 수학에서부터 과학, 사회, 역사까지, 공부와 재미를 둘 다 잡은 똑똑한 학습교양서입니다.

수학
- 01 수학이 모두 모여 수군수군
- 02 수학이 수리수리 마술이
- 03 수학이 수군수군
- 04 수학이 또 수군수군
- 05 수학이 자꾸 수군수군 1. 셈
- 06 수학이 자꾸 수군수군 2. 분수
- 07 수학이 자꾸 수군수군 3. 확률
- 08 수학이 자꾸 수군수군 4. 측정
- 09 대수와 방정맞은 방정식
- 10 도형이 도리도리
- 11 섬뜩섬뜩 삼각법
- 12 이상야릇 수의 세계
- 13 수학 공식이 꼬물꼬물
- 14 수학이 꿈틀꿈틀

과학
- 15 물리가 물렁물렁
- 16 화학이 화끈화끈
- 17 우주가 우왕좌왕
- 18 구석구석 인체 탐험
- 19 식물이 시끌시끌
- 20 벌레가 벌렁벌렁
- 21 동물이 뒹굴뒹굴
- 22 화산이 왈칵왈칵
- 23 소리가 속삭속삭
- 24 진화가 진짜진짜
- 25 꼬르륵 뱃속여행
- 26 두뇌가 뒤죽박죽
- 27 번들번들 빛나리
- 28 전기가 찌릿찌릿
- 29 과학자는 괴로워?
- 30 공룡이 용용 죽겠지
- 31 질병이 지끈지끈
- 32 지진이 우르쾅쾅
- 33 오싹오싹 무서운 독
- 34 에너지가 불끈불끈
- 35 태양계가 티격태격
- 36 튼튼탄탄 내 몸 관리
- 37 똑딱똑딱 시간 여행
- 38 미생물이 미끌미끌
- 39 의학이 으악으악
- 40 노발대발 야생동물
- 41 뜨끈뜨끈 지구 온난화
- 42 생각번뜩 아인슈타인
- 43 과학 천재 아이작 뉴턴
- 44 소름 돋는 과학 퀴즈

사회 · 역사
- 45 바다가 바글바글
- 46 강물이 꾸물꾸물
- 47 폭풍이 푸하푸하
- 48 사막이 바싹바싹
- 49 높은 산이 아찔아찔
- 50 호수가 넘실넘실
- 51 오들오들 남극북극
- 52 우글우글 열대우림
- 53 올록볼록 올림픽
- 54 와글와글 월드컵
- 55 파고 파헤치는 고고학
- 56 이왕이면 이집트
- 57 그럴싸한 그리스
- 58 모든 길은 로마로
- 59 아슬아슬 아스텍
- 60 잉카가 이크이크
- 61 들썩들썩 석기 시대
- 62 어두컴컴 중세 시대
- 63 쿵쿵쾅쾅 제1차 세계 대전
- 64 쾅쾅탕탕 제2차 세계 대전
- 65 야심만만 알렉산더
- 66 위풍당당 엘리자베스 1세
- 67 위엄가득 빅토리아 여왕
- 68 비밀의 왕 투탕카멘
- 69 최강 여왕 클레오파트라
- 70 만능 천재 레오나르도 다 빈치

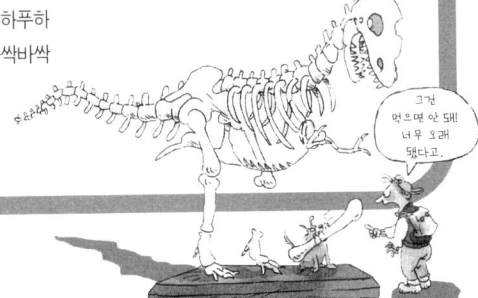

**전 세계 2천만 독자가 함께 읽는
<앗, 시리즈>**